Mnioch Johann Jakob

Kleine vermischte Schriften

Erster Band

Mnioch Johann Jakob

Kleine vermischte Schriften
Erster Band

ISBN/EAN: 9783744703390

Hergestellt in Europa, USA, Kanada, Australien, Japan

Cover: Foto ©ninafisch / pixelio.de

Weitere Bücher finden Sie auf **www.hansebooks.com**

KLEINE
VERMISCHTE SCHRIFTEN,

VON

I. J. MNIOCH.

ERSTES BÄNDCHEN.

Red' ich unrecht, so beweise mir, dass es unrecht sey: red' ich aber recht, was schlägest du mich?
Jesus Christus.
S. Johannes 18, 23.

1794.

DEM

KÖNIGLICH - PREUSSISCHEN

GEHEIMEN ETATS - KRIEGS - UND DIRIGI-
RENDEN MINISTER

HERRN

VON STRUENSEE

GEWIDMET.

EURER EXCELLENZ
WIDM' ICH DIESE BLÄTTER
ZUM ZEICHEN
MEINER FREIEN HOCHACHTUNG
VOR DEM CHARAKTER DES MENSCHEN-
UND BÜRGER-FREUNDES IM MINISTER
EINES GROSSEN KÖNIGS,
UND AUS BEDÜRFNIS
MEINES INNIGEN DANKS
FÜR MANCHE PROBE
IHRER HULD UND GNADE,
WELCHE ZU VERDIENEN
MEIN HEISSER WUNSCH,
WIE MEIN UNERMÜDETES BESTREBEN
BLEIBEN WIRD.

Vorrede.

Vor allen Dingen bitte ich den Leser dieser Blätter, ganz zu vergessen, dass das friedliche Wort Aufklärung, ohne die Schuld seines grossen Begriffs, in seinem guten Rufe beinahe so tief gesunken ist, wie vormals das eben so unschuldige Wort Genie; — ja dass es vielleicht bald in manchem Staate nicht weniger gefährlich seyn dürfte, ein Aufklärer oder Aufgeklärter — als ein Jakobiner zu heissen. Gott weis es, ich denke bei jenem Worte an alle guten Gaben, welche von oben herab kommen, vom Vater des Lichts, — und bin überzeugt, dass dieses unmittelbare Geschenk Gottes, in welchem sich sein Ebenbild in uns legitimirt, nur in so fern unser irdisches Glück vermindern kann, als wir selbst in dem Wahn stehen, es müsse dasselbe vermindern.

Jeder Feind der Aufklärung, jeder, der sie verdächtig macht, macht sie erst gefährlich, wie ein mistrauischer Ehemann, der sein treues Weib allein durch seine Eifersucht zur Untreue verführt. — —

Bin ich hierüber mit dem Leser einig, so darf ich nicht fürchten, dass ihn der Titel des ersten Aufsatzes: über moralische Aufklärung, abschrekken werde; dafern er nicht eben darum die gute Sache hasst, weil sie gut ist.

Den respektabeln Leuten, die vielleicht bei Lesung dieser Blätter ihre Leibfrage: cui bono — wozu nützt dieser Unrath? hie oder dort anbringen möchten, geb' ich ihre Frage zurück: wozu nützen Sie selbst, meine Herren?

Ein ansehnlicher Theil von Ihnen weis es nicht; ist nie auf den Einfall gekommen, darnach zu fragen; er arbeitet in seinem Amt mit der Treue, dem Fleis und der Pünktlichkeit eines Wesens, das eben nicht Mensch zu seyn brauchte, wenn es nur gerade so viel Verstand hätte, jede aufgegebene Regel zu verstehn und sie mechanisch auszuführen. — Es mag eine politische Welt geben, in welcher solche Wesen nöthig sind; die moralische bedarf ihrer nicht. — Aber wozu moralische Wesen in solcher politischen Welt? Cui bono das vergrabene Pfund der Fähigkeit selbst zu denken, und freiwillig, d. h. mit der Überzeugung, dass es gut sey, treu, fleissig und pünktlich zu arbeiten? Haushälterischer Gott, warum für gewisse Stände und Ämter der politischen Welt nicht ein Mittelding zwischen Thier und Menschen? — Warlich, meine Herren, es giebt bestimmte Geschäfte ganzer Stände, wo der Mensch zu viel und das Thier zu wenig ist, und wo jener eben durch seine höhern Fähigkeiten und seine edlern Triebe alles verdirbt.

Freilich, einige von Ihnen, meine Herren, haben über die Frage: wozu sie selbst nützen? sehr gründlich nachgedacht. Sie arbeiten für das allerhöchste Interesse Ihres Monarchen und für das diesem Interesse subordinirte Wohl des Staates; beiher auch, wie man hört, für die Glückseligkeit des Volks, als einer Menge von Individuen.

Was der Monarch für sein Interesse hält, kann er Ihnen sagen, und wenn Sie seinem Willen gehorsam sind, so haben Sie denn freilich — so lange sein Wille derselbe bleibt — ein sehr bestimmtes Ziel Ihrer Thätigkeit.

Oft zwar wird Ihnen nur der Weg zu diesem Ziele vorgezeichnet. Sie bemerken vergebens, dass es ein Spaziergang sey, den man wieder zurückmachen müsse; Sie sollen nun einmal weder zur Rechten noch zur Linken aus dem Pfade treten, und, da Sie selbst bei dieser Reise nichts verlieren, so gehen Sie getrost, so weit Sie können, um dort zu sagen, was Sie schon hier sagen konnten: es ist nicht der rechte Weg! — Ich dürfte Sie hier festhalten, und die Frage wiederholen: cui bono? und wenn wir bei der Antwort keine sophistischen Ausflüchte suchten, würde sich, meines Dafürhaltens, ergeben, dass eigentlich das Ziel Ihrer Reise nicht so wohl das **Interesse des Absenders**, als vielmehr das gute **Botenlohn** gewesen sey. Der Mensch will **leben**, und darin hat er gar nicht unrecht! — Er thut tausend Dinge, spielt komische und tragische Rollen, Rollen, für die er sich schickt und nicht schickt; — der Starke lässt sich vom Schwachen mishandeln, der Kluge gehorcht knechtisch dem Dummen, der arme Weise lässt sich vom reichen Narren belehren; — man tanzt auf schlaffem Seil, man buhlt um den Beifall des Publikums, man projektirt neue Abgaben; — der Aristokrat dient unter dem Heere der neufränkischen Republik, Demokraten fechten unter den Fahnen der combinirten Armee; — der Freigeist vertheidigt die Bibel, der Fromme, der in Christi Nahmen selig sterben will, lässt sich, in Ermangelung des himmlischen Freudenbechers, gern zur Freudentafel der Gottlosen einladen, und belacht ihre Spöttereien: — — — alles, alles, damit man leben und leidliche Tage haben möge.

Aber da dies, in Bezug auf diese Blätter, bei mir nicht der Fall ist, — wie er es doch seyn könnte, (und dann thäten wir besser, wir frügen uns bei dem Wesen, das jeder treibt, gar nicht: cui bono) so möcht ich lieber von Ihnen hören, wie Sie, ausser dem Interesse des Königs, noch für das Wohl des Staates, ja sogar (welches bis jetzt noch zwei ganz verschiedene Dinge sind) für die Glückseligkeit des Volks als Individuen arbeiten; ja wie Sie dies als Zweck Ihrer Thätigkeit sich nur aufstellen können? Wissen Sie denn nicht, dass die praktische Politik in allen ihren Departementern noch bis jetzt nicht einig werden kann, über das, was man das wahre Wohl eines Staates nennen soll? Doch, wenn auch der Zweck bestimmt genug angegeben wäre, wie lange würde man nicht noch um die besten Mittel zu streiten haben! — Wissen Sie denn nicht, dass auch Sie nur dem Ohngefähr es zu danken haben, wenn Ihr Wille, der vielleicht an sich gut ist, auch eben so gut ausgeführt wird? Werden Sie nicht misverstanden? Sieht jeder Ihre gute Absicht ein? Leidet bei Ihren Einrichtungen niemand? Schreit nicht oft auch der, den Sie (o übergöttlicher guter Wille) glücklich machen wollen? Wie gros ist Ihr Wirkungskreis? Er sey so gros, als Sie wollen, Sie selbst wirken doch nur für eine kurze Zeit. Wird Ihr Nachfolger seyn, wie Sie? wird er den halbvollendeten Bau nicht umwerfen, blos weil ein Fremder den Riss dazu entwarf, und weil jeder gern nach seinem eigenen Riss bauen möchte, oder weil er glaubt, einen bessern machen zu können? Blikken Sie doch in die neue und neueste Geschichte der europäischen Kabinetter, in die Geschichte der Finanz- der Kriegs- der Kirchen- Departementer, und sagen Sie mir; cui bono die besten Projekte, die nicht ausgeführt, oder nach der Ausführung verworfen werden? Warum lassen Sie nicht alles beim Alten, da das Neueste doch auch bald zum Alten gehören wird? Warum machen Sie die Menschen irre durch Neuerungen, die schon deswegen nicht Verbesserungen sind, weil sie von Ihnen selbst oder von Ihren Successoren aufgehoben werden, — kurz, weil sie nicht für die Dauer sind, und weil gemeinhin die neue Ordnung der Dinge nicht länger besteht, als bis wir sie gewohnt sind, bis wir uns leicht in sie schicken. — O die Selbstdenker, die Selbstdenker unter den höhern Geschäftsleuten machen uns mehr Noth, als die Selbstdenker unter den Schriftstellern!

Aber freilich, meine Herren, was würde aus der Welt werden, wenn jeder das Wenige, was er für sich und andere thun könnte, blos deswegen nicht thäte, weil der grosse Zweck, der seiner Thätigkeit die Richtung geben soll, vielleicht oder gewis nicht erreicht wird? — Warum säet der Landmann, da so manches Ungewitter seine Erndte verderben kann? — Warum baut der Mensch, da er nicht für die Ewigkeit bauen kann?

Warum suchen wir diejenige Art von christlichem Glauben, welche unserm Staate am zuträglichsten ist, durch ein Edikt, — oder den Flor der einländischen Fabriken durch das Verbot ausländischer Kunstprodukte zu sichern, da doch in beiden Fällen immer noch so viel Schleichhandel getrieben wird, dass wir bei Entdeckung desselben nichts bessers thun können, als ein paar Defraudanten unglücklich machen? — Sollten wir nicht auch den fixen Gehalt der Kirchenlehrer lieber für die Schatzkammer des Staates einziehen, weil das ganze Amt eines Geistlichen, sein Beten, Predigen, Vermahnen zur Busse, selbst sein exemplarischer Wandel, weil alle diese Dinge niemals so viel Gutes schaffen werden, als sie doch sollen; weil durch die vorgetragene Glaubens- und Sittenlehre Jesu der grösste Theil der Menschen nicht gebessert, und mancher Einzelne durch Misverstand sogar verschlimmert wird; und weil wir endlich, bei allen Ausgaben für die Ober- und Unterdiener des Lehrstandes, immer noch ein mächtiges Heer von militairischen und civilen Criminalbeamten nicht entbehren können? — Kurz, sollten wir nicht aufhören, zu lehren und zu warnen, in der Gewisheit, dass die meisten Menschen nur durch eigne Erfahrung klug werden wollen? Sollten wir nicht aufhören, von Pflicht, Tugend und Glückseligkeit zu schwatzen, da wir selbst, so wie unsere Untergebenen, niemals so fehlerfrei seyn werden, als es die Moral und unser höchstes Wohlseyn verlangt? Viele Ämter, viele Besoldungen wären dann aufzuheben und einzuziehen, ja ich glaube, es dürften am Ende gar keine Ämter besetzt, gar keine Besoldungen ausgezahlt werden. — Sind Sie damit zufrieden, meine Herren? Gewis nicht!

O meine Herren, es steht schlimm mit der Menschenwelt, wenn Sie das Arbeiten auf Hoffnung ein Übel nennen; denn durch dies Übel allein erhält sie sich noch.

Doch

Doch nein, der Mensch, der auf seine beste Hoffnung, nach seiner besten Einsicht unermüdet arbeitet, hat (Ihr Herz wird mich verstehn!) seinen Lohn in sich selbst. — Thun wir nur etwas, das uns erlaubt ist, thun wir es mit der Überzeugung, dass es an sich gut ist, dass wir, unsern Kräften und unserm Standort nach, nichts Besseres thun können, und thun wir es endlich mit dem Fleis und mit dem Feuer, womit es gethan werden muss, und dessen wir fähig sind, so giebt uns diese Thätigkeit allein schon ein Verdienst bei uns selbst, und wir dürfen unbekümmert seyn, ob unsere Saat Frucht bringen wird, oder nicht. Überdies hoffen wir ja auf eine Welt, welche uns nicht die Früchte, die wir etwa mitbringen könnten, sondern die Arbeit belohnen wird, und wo wir, schon durch die erhöhte Thätigkeit im Guten (dies Gute habe nun auf Erden unter diesem oder jenem Departement, oder unter gar keinem — gedeihen oder nicht gedeihen wollen) uns zu einem bessern Amte qualificiren. Davon, meine Herren, müssen Sie überzeugt seyn; denn warlich, Sie handeln ganz so, als wären Sie davon überzeugt! — —

Hat nun jeder Mensch die Erlaubnis, die Wahrheit zu sagen, d. h. seine eigene, beste, kälteste Überzeugung andern auf dem Wege Rechtens, d. i. durch den öffentlichen Vortrag seiner Überzeugungen bekannt zu machen, so dass man ihn auf demselben Wege, durch Vortrag gültiger Gegengründe widerlegen kann; ist diese Bekanntmachung an sich gut (und keine Überzeugung kann in ihrer rechtmässigen Mittheilung böse seyn, [1])) thut der Mittheiler für die Annahme seiner Überzeugung, so viel er dieser schuldig ist, und so gut er es seinen Kräften und seiner Lage nach thun kann; — so, meine Herren, — so lassen Sie uns immer vergessen, dass ich Ihnen zutrauen konnte, Sie würden bei Lesung dieser Blätter: cui bono? fragen.

[1]) Der Gebrauch, den andere davon machen, freilich, — aber nicht anders geht es auch den besten Staats- Finanz- und Kriegs-Projekten, die ohne dies nicht immer auf dem Wege Rechtens eingeführt werden.

Ich habe in diesen Aufsätzen, wenn Sie Scherz vom Ernst unterscheiden, nichts gesagt, von dessen Gegentheil ich überzeugt war. (Gott gebe, dass diese Ehrlichkeit bei allem, was jeder von Ihnen als persona publica oder als Officiant sagt und thut, auch Ihr Gesetz ist.) — Ich halte für Wahrheit, was ich sage, d. h. ich habe gerade so viel und so gute Gründe dafür, als bis jetzt meine Vernunft, mir bewusst, verlangt, dass ich sie für eine subjektive Wahrheit haben soll. Ich suche meine Überzeugung auf dem Wege Rechtens einzuführen. Ich zwinge sie keinem auf, ich verspotte keinen, schlage niemanden, setze niemanden ausser Brodt, lasse keinen in Ketten und Banden legen, der, eben so ehrlich gegen sich selbst, nicht meiner Überzeugung seyn will, weil er es nicht seyn kann, und eben darum nicht seyn soll. Auch will ich (und zwar auch, wenn ich es könnte, wie ich es nicht kann) weder mit Silber und Gold, noch mit Ämtern und Titeln irgend eine Seele belohnen, die mir hie oder dort den Gefallen thut, meine Über-

zeugung für die ihrige gelten zu lassen.
Nein, ich trage meine Überzeugung so
deutlich vor, als ich kann, und ich geselle
ihr, bald auf diese, bald auf eine andere
Art, die Gründe bei, deren sie in meinen Augen benöthigt ist, um den Schein
unüberlegter Einfälle zu verlieren. — Ich
kann irren, ich irre vielleicht, aber ich
will es nicht. Wer meiner Überzeugung
nicht ist, kann gleichfalls irren, irrt vielleicht, nur, gebe der Himmel, dass auch
er es nicht wolle. Hab' ich unrecht,
so beweisen Sie mir, auf dem Wege
Rechtens, dass ich es habe; schon dieser
Beweis ist Gewinn, wenn auch nur für
Sie und für mich. Hab' ich recht; nun so
bitte ich, ärgern Sie sich nicht darüber.
Sicher ist es der Fall, dass ich nicht überall recht, und nicht überall unrecht habe. So zeigen Sie denn Ihre
Gerechtigkeit, und werfen Sie nicht den
Waitzen mit dem Unkraut ins Feuer.

Denjenigen unter Ihnen, die das unerlaubte Verbot, gewisse moralische
Wahrheiten zu sagen, so gern mit dem

Spruch entschuldigen wollen: dass in der Theorie sehr richtig seyn könne, was doch in der Praxis ewig fehlschlägt, — rathe ich ganz gehorsamst, bei nächster Musse doch ja recht zu bedenken, was Sie meinen. Ist die Theorie in der That richtig, so liegt die fehlgeschlagene Praxis an dem Versehn des Praktikers, und dieser muss (die Theorie vor Augen) sich von neuem und wieder von neuem bestreben, der Theorie gemäss zu verfahren. Ist aber, — (das Versehen der Praktiker abgerechnet,) — die Praxis an sich unmöglich: so ist ja die Theorie falsch, die uns eine solche Praxis befiehlt. Dass die Praxis unmöglich sey, seh' ich aber auch nur durch eine bessere Theorie ein, nicht etwa durch tausend misglückte Experimente. Die Herren, die alles wollen erfahren haben, wissen nicht recht, was man erfahren kann.

Jenes Sprüchelchen ist das Symbolum der Faulen, die gern den Schein hätten, als ob sie aus Grundsätzen faul wären, — und derer, die das L. S. unter den Copien königlicher Mandate mit: lass schleichen! übersetzen, obgleich sie sonst keine Gelegenheit hingehen lassen, wo sie sich die unterthänigsten und treugehorsamsten Diener Sr. Majestät nennen können.

Was endlich diejenigen Politiker anbetrift, die mit der Miene des Vielwissens den Zeigefinger auf den Mund legen, und uns laut genug in die Ohren rufen: man muss nicht alles sagen, was wahr ist; denn das ist dem Könige, oder dem Staate, oder der Religion nachtheilig; so muss ich gestehn, dass ich in der That fürchte, sie zu Lesern meines Buches zu haben. Sie sind die gefährlichsten Menschen, die ich kenne; denn sollten sie (worauf sie entweder mit Absicht oder in aller Einfalt hinarbeiten) sollten sie es endlich so weit bringen, dass unsere Machthaber ihres Glaubens würden: so darf kein Despot, kein arger Höfling, keine Maitresse um die demolirte Bastille, und kein Dominikaner-Mönch um die aufgehobene Inquisition trauren. — Gegen das Urtheil dieser Leute protestir' ich, wie gegen das Urtheil der entschiedensten Inconsequenz des Kopfs, oder der absichtlichen Bosheit des Herzens. Wer der Wahrheit nachsagt, dass sie den Königen, den Staaten oder der Religion schädlich seyn kann, weis entweder nicht, was er sagt, oder weis es sehr wohl und ist ein Feind der Wahrheit, dafern er nicht voraussetzt, dass die Könige, die Staaten und die sämmtlichen christlichen Kirchen, anstatt die Wahrheit zu unterdrücken, sich lieber von ihr werden unterdrücken lassen, wie es Recht und Pflicht wäre. — Dann aber — warum den Zeigefinger am Munde, und das laute Rufen in die Ohren?

Was ich hier gegen die Herren von der fruchtbringenden Gesellschaft, und ihre Frage: cui bono? so wie gegen die politischen Antiaufklärer und Wahrheitsfeinde gesagt habe, soll nicht allen, sondern nur den meisten Aufsätzen dieses Bändchens zum Schutze dienen. Was unter dem Titel: vermischte Gedichte, sich befindet, nehm' ich aus: es sind Ergiessungen augenblicklicher Launen, und die Einfälle des Dichters sind nicht auch die Überzeugung des Menschen. Aber das Gedicht über moralische Aufklärung und die Fragmente bedürfen ganz besonders jenes Schutzes.

Die Verschiedenheit der Formen, in denen ich meine Überzeugungen vortrage, ist freilich auch hier ein Kind der Laune, oft auch einer gewissen unschädlichen Politik. Wer Scherz von Ernst zu unterscheiden weis, wird immer wissen, was ich sagen will, auch wo ich das Gegentheil zu sagen scheine. — Überdies, einem gewissen Publikum — (wie einer unsrer neusten Schriftsteller bemerkt) ist beinahe in allen übrigen Formen, nur nicht in der Form der Gründlichkeit beizukommen. —

Das zweite Bändchen dieser Schriften, welches mit der künftigen Ostermesse erscheinen soll, wird diejenigen Aufsätze enthalten, deren Titel in dem ersten Avertissement angegeben wurden. Ausser diesen aber auch einige Betrachtungen über die französische Revolution von einem wahren Christen, nach den Lehren und Geschichten der Bibel angestellt.

Neufahrwasser, den 29. Octob.
1793.

I. I. Mnioch.

Inhalt.

I. Litaney, ein didaktisches Gedicht über sittliche Aufklärung, mit angehängten Erläuterungen.

II. Zweifel und Glaube, ein Gedicht über die Unsterblichkeit.

III. Rede auf den König Friedrich Wilhelm II.

IV. Vermischte Gedichte.

V. Fragmente.

    I. Fragment einer Freimaurer-Rede.

    II. Über die Aufklärung des grossen Haufens.

III. Gegen die französische Nation, ein Stück, in welchem sie lächerlich gemacht wird.

IV. Zwei populäre Gedichte in Jamben:

   1. An die Fürsten.

   2. An die Völker.

V. Deklaration gegen die Neufranken.

VI. An mein Buch.

I.
LITANEY.

EIN DIDAKTISCHES GEDICHT

über

SITTLICHE AUFKLÄRUNG.

Nemo est casu bonus, discenda est virtus.
Seneca.

An die Leser.

Wenn der Verfasser seine Absicht mit gegenwärtigem Aufsatze nicht ganz verfehlt hat, so mag es immer der geringste Werth dieser Blätter seyn, dass man sie auch ein Gedicht nennen kann.

Sie enthalten einige Gedanken über die sittliche Aufklärung, vorzüglich in Betracht der Mittel, wodurch dieselbe praktisch fruchtbar zu machen sey, oder wie die Sinnlichkeit zu moralischen Zwecken könne gebildet werden. — Einzeln genommen, ist vielleicht jede hier gemachte Bemerkung schon gesagt, die Zusammenstellung aber dünkt mich neu, und vielleicht ist sie nicht ganz unfruchtbar.

Das poetische Kleid soll mehr Bedeckung als Schmuck seyn. Eine Bedeckung war unter andern auch deswegen nöthig, weil man schon wieder anfängt, einige Gliedmassen der Wahrheit für pudenda zu erklären.

Die eigne Gestalt des Gegenstandes durfte indes durch diese Bekleidung nicht zu viel verlieren, oder gar zweifelhaft werden, darum wählte der Dichter, so zu sagen, das nasse Gewand. Er vermied die blumigte Sprache, die aus lauter einzelnen Metaphern besteht, wo nur zu oft die Mannigfaltigkeit der bezeichnenden Bilder, bei der Einerleiheit des bezeichneten Gegenstandes dem Verstande den Sinn erschweret, indes auch die Phantasie diese Bilder zu keinem sinnlichen Ganzen vereinigen kann 1). Er suchte aber Allegorien und Gleichnisse, und hütete sich, irgend einen Zug

1) Hierin geben vielleicht einige unsrer neuen didaktischen Gedichte kein ganz gutes Beispiel. In ihrer zu metaphorischen Sprache hebt nur zu oft ein Bild das andere auf, die Phantasie sieht ein Schattenspiel, und der Verstand ist gezwungen, alle diese vorüberhüpfenden Bilder erst zu zerstören, um den darunter liegenden Gegenstand zu fassen. Jedes Glied ist gleichsam mit einem Lappen von andrer Farbe bekleidet, das Auge wird geblendet, und die Gestalt bleibt verworren.

in dieselben zu bringen, der nicht genau zu den Gedanken gehörte, welcher durch diese Bilder und Gleichnisse sollte versinnlichet, oder erläutert werden [2]).

Das Gedicht hat den Titel und die äussere Form eines Gebets, obgleich ihm alle lyrischen Eigenschaften eines wahren Gebets, sowohl im Ideengange, als in der Diktion fehlen.

Man wählte dieses Vehikel aus mehreren Gründen, wovon einige ganz wegfallen würden, sobald man sie anzeigte.

Die Wendungen sind simpel und einförmig, wie die einer allgemeinen Kir-

---

[2] Im didaktischen Gedicht sind die meisten Bilder um ihrer selbst willen da, der kleinste Zug in denselben muss einen ihm allegorisch-entsprechenden Zug in dem bezeichneten Gegenstande finden und das Gleichnis muss um keinen Strich weiter ausgeführt werden, als es die hier geltende Anwendung zulässt. Beim beschreibenden Gedicht findet so eine Forderung gar nicht statt, und beim lyrischen kann oft die Befolgung des Gegentheils eine wahre Vollkommenheit, oder ein nothwendiges Mittel zur bezweckten Illusion und Rührung werden. — Man vergebe mir diese und die vorhergehende Anmerkung, wenn sie ein Wort zu unrechter Zeit enthalten.

chenlitaney, wo man um so vieles und so mannigfaltiges zu bitten pflegte, dass man zu wenig daran denken kann, wie man darum bittet. Da hiebei eine anhaltende Begeisterung wegfällt, die sonst von selbst Verschiedenheit der Wendungen geben würde; so muss ein solches Gebet aus blossen Aufzählungen bestehen, die sich parthie-weise, nur mit dem wenig veränderten: wir bitten, anfangen oder enden. Dies soll vielleicht mehr darauf hinzielen, dem Betenden selbst seine Nothdurft recht zu Gemüthe zu führen, — als darauf, diese dem abhelfenden Gott dringend vorzutragen: und alsdann liegt schon hierin ein Grund zu dem Titel und der Form des folgenden Aufsatzes.

Übrigens aber entsagen diese Jamben allen etwanigen Privatrechten und alten Freiheiten eines Gebetes; und, wenn der Verfasser das Unglück haben sollte, dass seine Sprache dem menschlichen Leser unverständlich bleibt; so wird er sich nie damit entschuldigen wollen, dass ihn der liebe Gott wohl verstehe.

Die Freiheit, welche sich der Dichter bei seinem Verse erlaubt hat, ist ganz

ganz der gleich, die in der Poesie seiner Diktion herrscht. Das Metrum (der jambische fünf- und sechsfüssige Vers) soll seine Dienste nur im Verborgenen thun, und, wie bei Wielands Übersetzung der Horazischen Briefe (si licet parva — —) dem Numerus eine gewisse Einheit geben, wodurch das Ganze an äusserer Lebhaftigkeit und Harmonie um einige Grade über die sogenannte poetische Prose erhoben wird. Das Absetzen der Verszeilen, bei so einer Behandlungsart des Metrums ist einestheils ein Behelf des Dichters bei seiner Ausarbeitung, ein Gerüst zu seinem Bau; aber es dient auch dazu, dem Leser selbst den herrschenden Numerus bemerkbarer zu machen, und ihn auf die Absicht des Dichters hinzuweisen: da nämlich auch diese Absicht zu denen gehört, welche kein Dichter in der Welt bei seinem Werk erreichen kann, ohne einen guten Leser [3] zu finden, und mit

---

[3] Ist hier so viel, als Vorleser oder Deklamator, welches der Leser eines Gedichts immer seyn sollte, er mag nun laut oder still lesen. Auch ohne ein Wort von dem, was man liest, auszusprechen, kann man gut und schlecht deklamiren.

ihm einverstanden zu seyn. Doch muss man freilich bei einem auf diese Weise behandelten Versmaasse nicht zu deutlich skandiren, so wie der Dichter seiner Seits sich hüten muss, dass er selbst hiezu nicht Gelegenheit gebe. Er giebt diese, wenn er mehrere Verse aufeinander folgen lässt, in denen die logischen und grammatischen Ruhepunkte mit dem Schluss der Verse und der gewöhnlichsten Cäsur⁴) in denselben zusammenfallen. Es kostet ihm freilich oft eben so viel Mühe, dieses Zusammentreffen der Versabschnitte und Verse mit den Abschnitten der Sätze und Perioden zu vermeiden, als ihm, bei einer andern Behandlungsart, vielleicht eben desselben Metrums, die Erreichung des Gegentheils kostet, nämlich das Metrum melodisch durchzuführen, und es nicht nur in seinem herrschenden Numerus, sondern zugleich in allen seinen Rhythmen hören zu lassen. — — —

Dem Gedicht sind einige Erläuterungen angeschlossen, auf welche die grös-

---

4) oder derjenigen Cäsur, welche für den Vers an sich, (d. h. seinem Genus und seiner Länge

sern Buchstaben als Anmerkungs-Zeichen hinweisen.

nach, ohne Rücksicht auf Inhalt) als die passendste angenommen ist. Z. B. im fünffüssigen Jambe nach der vierten, im Alexandriner nach der sechsten Sylbe.

Litaney.

Du bist, o grosser Gott, — (so wie Dich
oft der Mund
des heil'gen Buches nennt, wo Du **selbst**
die armen Sterblichen mit Dir und Deinem Wesen
vertrauter machst, und väterlich vergönnest,
dass sie im schlichten Ton der Herzlichkeit
zuweilen auch von ihren **eignen** Dingen
Dir manches kundthun, was Du **besser** weisst) *a*).
Du bist des wahren Lichtes Urquell, — ew'ge Klarheit
geht aus von Deinem Throne! (A) Lang zuvor,
eh diese dunkle Welt sich an dem bleichen Schimmer
des Mondes drehte, war von Deinem eignen Glanz
Dein schöner Himmel wechsellos erleuchtet,

---

a) In mancherley Betracht (seiner Diktion, Bilder,
Wendungen und sogar einiger Gedanken wegen)
ist dies Gebet einer Epistel an einen **guten
Freund** nicht unähnlich. Sollte jemand hierin
etwas respektwidriges finden; so bitte ich diesen, die obige etwas lange Parenthese, die blos
um seinetwillen dasteht, ja nicht mit flüchtigem
Auge durchzulesen.

und tausend Deiner erstgestorbnen Söhne
erfreuten sich in ihm, und lobten Dich.
Dort also durfte nicht ein langer Streit
zuvor entscheiden wollen, was dem Auge
des endlichen, geschaffnen Geistes mehr
ersprieslich sey, ob schwarze Dunkelheit,
ob trübe Dämm'rung, oder Sonnenglanz?

Zwar freilich mag der Hölle Dienerschaft,
Wenn Satan-Luzifer, in wildem Spotte,
Aufklärung droht, — alsbald in jedem Glied
an brennenden Beiher-Ideen leiden: — (B)
doch Deine guten Engel haben nie
dies stille Wort gehasst, — sie lieben es
der armen Brüder wegen, die auf dieser Welt
noch immerdar in Nacht und Nebel wallen.

So dürfen wir dann wohl mit Zuversicht
Dich anflehn, guter Gott, erhalt uns doch
den schönen grossen *Sinn* des oberwähnten
Wortes,
bei allen Fürsten und Gewaltigen
der Finsterniss (Sankt Paulus nenne sie!) *b*)

b) Und zwar auf sein ganz eignes Risiko. S. den
Brief an die Epheser Cap. 6, v. 12. Wir haben nicht allein mit Fleisch und
Blut zu kämpfen, sondern mit Fürsten und Gewaltigen der Finsterniss,
mit den Herren der Welt, die gar zu
gern in der Finsterniss dieser Welt
herrschen. (Zu verstehn! mit den bösen
Geistern unter dem Himmel.)

bewahr ihm seine angebohrne Würde
bei Pharisäern und bei Saducäern,
den Herr'n in **weichen**, wie in **langen** Kleidern,
bei allen, die aus **Pflicht** und aus **Instinkt**,
mit Rathen, Züchtigen, Befehlen — oder Schimpfen,
das grosse Wohl der argen Welt besorgen!

Was ist so gut, dass es dem Bösen, wie dem
Guten
gleich wohl gefiele? Was ist so gesund,
dass es nicht oft den Kranken kränker mache? —
Der Sonne schönes Licht ist hundert blöden Augen
ein Ärgerniss, — und freilich, oft verbrannte
ihr heisser Strahl die hoffnungsvolle Saat!
Wer aber möchte wohl, in einer bösen Stunde,
die schwarzen Geister unterm Firmament
um eine ew'ge Sonnenfinsterniss
anrufen? — Weh uns, ist allein der **Tod**
die Arzeney für jeden Schmerz des **Lebens**, —
und weh uns, soll vom Irrthum der Vernunft,
von ihren Zweifeln, nur der blinde Glaube
den Geist befrein! — Das Schönste, was Du uns
gegeben hast, o Schöpfer, was uns über
das Thier erheben soll, es wäre dann verschwendet; —
unglücklich wären wir, dafern wir uns
nicht **schänden** wollten! (C) Warlich, wie ein
schwarzer
Verschnittener sich der **Keuschheit** rühmen darf,
mag sich der innern Seelenruhe, mag
des öden Geistes, leer von jedem Zweifel,

das blinde Volk sich rühmen! Wer entsagt,
thut weniger, als wer mit Weisheit alles
geniessen lernt, was zum Genusse da ist.

Die Welt sey arg! — Das ärgste wäre, traun,
darum an ihr und an der eigenen
Natur verzweifeln! — Nein, Du guter Gott,
obwohl die Kräfte, die von Deinen Händen
der Erdenmensch empfing, beim weisesten Gebrauch,
zuletzt die angebohrne Schwäche doch
bekennen müssen, und noch immer weit vom Ziel
zu Boden sinken; dennoch lass uns nicht
die lange Müh des kurzen Wegs bereuen,
wir konnten unterdess nichts bessers thun, und thaten,
was wir vermochten. Hier ist guter Wille
das Höchste, — was noch übrig bleibt, das war
nicht unser Amt, und war Dein Wille nicht!

Erlaube nie, o Vater, dass Dein Christ,
so lang er noch diesseit des Mondes wallt,
nach einem grösseren Verdienste strebe,
als dem Verdienst, der bessre Mensch zu seyn.
Er müsse willig, bis Du ihn zum Bürger
des Himmels wählst, als Bürger Deiner Erde,
und, — wenn ers lieber hört — als Wandersmann,
nur nicht als Bettelmönch, sein Leben führen.
Bei seinen Weggefährten seh' er nur
auf Lieb' und Treu und gute Kameradschaft;
vergesse gern in dieser Menschenherberg',

nach Herbergsweise, jeden höhern Rang c).
Er gleiche nicht den pilgernden Genien;
und ehr' auch hier im Land der Wanderschaft
des guten Körper-Volkes gute Zucht und Sitte;
(so wenig sie der geist'gen Lebensart
in seiner Heimat ähnt) — vor allen Dingen aber
bezahl er nie die wohlgenossne Zeche
mit Minneliedern auf das Himmelreich
und mit Satyren auf die arme Welt.

O, wenn wir klüglich doch erwägen wollten,
dass unsers Christenthums empfehlender
Geburts- und Lehrbrief, trotz der besten Zeugen,
und eines frommen Lehrherrn Unterschrift
auch trügen könne, schon so oft betrog, und nie
das Meisterrecht in Deinem Himmel uns
erwerben wird! —
    Nein, Du Allwissender,
kein falscher Titel wird Dich hintergehn; —
nicht alle, die in Jesu Christi Namen
hier über Leib und Geist, Lebendige und Todte
sich eine kühne Herrschaft zugestehn,
erkennst Du dort für Deines Reiches Diener! (D)

Nein, Du gerechter Gott, kein Meisterstück
von eines Heiligen Hand, selbst von der Hand
des Allerheiligsten, befreiet künftig,
wo Du Gericht hältst, von der strengen Prüfung

c) Jeder Vorzug auf Erden, der sich auf einen
 präsumtiven Vorzug im *Himmel* gründet.

des eignen Wollens und des eignen Thuns; —
und jeder Erdensohn wird dort dereinst,
dafern er hier am grossen Werk des Lebens,
da, wo er stand! die mitempfangne Kraft
zu üben wusste, — ehrlicher Geburt
und zünftig seyn. d) —
     Schwer ist dies grosse Werk,
und seit Jahrtausenden war es die kühne Arbeit
der Kinder Adams! Mit gezücktem Schwert, (E)
wie dort beim zweiten Salem Jakobs Enkel,
begannen sie den mühevollen Bau
an dem erhabensten von allen Tempeln,
die deinem Namen, Gott, geweihet wurden,
dem einzigen, worin Dein Ebenbild,
von Deiner eignen Schöpferhand gezeichnet,
beim Altar stehen soll — an dem Gebäude
der hohen menschlichen Natur, wie der gehofften
Unsterblichkeit sie würdig wäre! —
     Ach, wir gründen
die ersten Pfeiler noch. Oft unterbrach die Arbeit
ein müss'ger Streit der Bauenden, und einst

---

d) In dieser ganzen Einleitung (denn das Gedicht
geht nun erst zu seinem eigentlichen Thema über)
habe ich mir die Mühe gegeben, den Teufel und
die falschen Christen (die eigentlich die wahren
Antichristen sind) im voraus zu gewinnen, oder
ich habe mich doch, so gut ich kann, durch
eine captatio benevolentiae bei ihnen abgefunden. Sie werden sich wenigstens meine Mühe
dauern lassen, aus welcher sie klärlich abnehmen können, wie sehr ich sie fürchte.

die Nacht der Barbarei, die schon am halben Himmel
von neuem droht.
  Vollendet aber wird
erst dann der prächtige Bau vom Boden
   sich erheben,
wenn einst die Hand der Stärke an den
   Plan der *Weisheit*
gefesselt ist vom sanften Band der
   Schönheit;
wenn zu dem frohen Chor der Grazien
die ernste Nemisis sich schwesterlich
   gesellt,
und durch veredelten Geschmack am
   Reitz des Guten
durch jenen heiligen Geist, um den wir
   täglich beten,
sich endlich die Vernunft zum Herrn
   der Sinnlichkeit
empor geschwungen hat. (F)
  O Du mit kluger Weisheit
Allgütiger, sieh', wir gestehn es gern, —
Du hast uns nur in süssen Täuschungen
das Glück des Erdenlebens angewiesen! —
Der Weise selbst empfindet, was er Wonne,
die reinste Wonne seiner Seele nennt,
in den von Farbe, Ton und Druck harmonisch
gespielten Nerven, in den Sinnenbildern,
wie sie das Wunderglas der Phantasie
auf tausendfache Art, in immer andern Gruppen,
bald in geschwächtem, bald in höhern Lichte,
als neu ihm wiedergiebt, — und in den Wallungen

des Blutes nach dem Numerus und Rhythmus
des Nervenspiels. — Die schöne Sinnenwelt,
die Du umsonst mit diesem Reitz nicht schmücktest,
ist nur für Sinne schön, ein körperloser Geist
durchdränge diese Täuschungen, zerstörte
den Zauber der Natur: — gestaltlos läge dann
die kalte, todte Wahrheit vor ihm da. —
Du aber wolltest, (lass uns diesen Trost!
denn freilich wissen wir nicht recht, woher wir
kommen,
wohin wir gehn!) Du wolltest, dass der Geist,
der in uns wohnt, in diesem Leib von Erde
für seine künft'ge Welt erst reifen sollte,
und Deine Schöpferhand beschenkte diesen Leib
mit jener feinen Thierheit, (G) die, halb Geist, halb
Fleisch,
auf wunderbare Art die beiden Wesen
in sich vereinet. Nur in ihr geniesset
Der Mensch sein Erdenglück, — empfindet seine
Freude,
fühlt seinen Schmerz, und hofft und fürchtet
in ihr allein. Das Göttliche in uns
kann, wie Du selbst, sich nicht erfreuen, nicht betrüben! (H)

Indess, o Gott, so bitten wir Dich doch,
hilf uns, dass wir von Kindesbeinen an
das immer gute, nur unmünd'ge Herz
der Stirne unterthänig machen! Denn
obwohl die Schule nicht des Lehrers wegen,
der Lehrer aber um der Schule willen

verordnet ist; so führe doch der letzte
das Regiment und unterrichte, warne,
gebiet' und straf' nach weisem Eigenwillen. (I)

Lass uns, o Gott, verstehn, was wir empfinden!
Und ehe unser Herz geniesst, lass die Vernunft
die Speise wählen, und das Maass bestimmen;
und lass uns bald das üppige Gelüst
zurückeweisen, wenn der Haus-Arzt spricht: *e)*
(der freilich nicht dem Arzt des Sancho *f)* gleichen
muss)
»nein, gutes Herz, nein! — du verstehst dich zwar
»auf Wohlgeschmack, — doch aufs Gesunde
»und Ungesunde deiner Speisen — schwerlich!
»du müsstest denn es im Geschmacke schon
»zu finden glauben! Doch so lang du
»nach meiner Kunst ihn nicht gebildet hast,
»wie könntest du ihm traun? Die meiste Arzenei
»ist ohne Zusatz widerlich, und manches Gift
»schmeckt angenehm, auch kitzelt hundert Gaumen,
»was einem einz'gen heftig widersteht! — —

e) Dass in der folgenden Rede unter dem Bilde eines Arztes der Verstand und die Vernunft in einer Person sprechen, darf wohl kaum gesagt
werden.

f) Der hypochondrische Arzt des ganz unhypo-
chondrischen Statthalters Sancho, in der Geschichte des Don Quixotte.

»Fühlt nicht der Irokös' in seinen Henkers-
»Gräueln
»sich einen Helden? Bohrte Revaillac
»nicht in der heiligen Begeisterung jenes
»Engels,
»der hundertachtzigtausend schlafende
»Assyrer schlug, — den Gott geweihten
»Dolch
»in Heinrichs Brust? Und meinst du, — Sa-
»tanas,
»wenn er den Pred'ger Salomo zuletzt
»vor einem Götzenbild den grauen Kopf
»andächtig beugen sieht, beneide das Entzücken
»der heil'gen Engel, die mit Siegsgesang
»des armen Schächers kaum bekehrte Seele
»in Abrams Schoos vom Rabensteine tragen? (K)

»Daran, du gutes Herz, nimm ein Exempel
»und traue dir nicht zu, wozu dich die Natur
»nicht schaffen wollte. — Auch das Hässlichste
»kann, wie du siehst, — den rohen, oder schon
»verwöhnten Sinn, so schön und herrlich dünken,
»als dich das Schönste. Wer soll Richter seyn?
»mit welchem bessern Rechte magst du dir
»den Vorzug zugestehn? — Sprichst du nicht auch:
»was ich empfinde, das empfind' ich ja!

»Nun gut! Doch im Geschmack hat dich
»so oft
»vergnügt, was im Verdaun dir misbehagte,
»indess schon manches Bittere dich kurirte,

»und oft, durch kunsterfahrne Mischung, alles
»Süsse
»an Lieblichkeit und Reitz weit übertraf.
»Vertraue mir, lass deine Speise mich
»erst zubereiten; — dann geniess und fürchte nichts
»für die Gesundheit. — Traun, das meiste soll
»uns trefflich schmecken! Freilich wird auch manches
»Gericht dir anfangs widerstehn, doch überwinde
»die ersten Bissen nur, und, auf mein Wort! —
»Dein künftig Wohlbefinden wird mir danken! —
»Ich kenne dich, du hast dich nie gekannt,
»wirst nie dich kennen. Ich nur unterscheide
»dein wahres, dein erkünsteltes Bedürfniss,
»ich weis allein, wie viel von jeder Speise,
»in welcher Ordnung du geniessen darfst,
»und welche Frucht der Garten dieser Welt
»in jeder Jahreszeit des Lebens deinem Tisch
»darreichen kann. Vor allen andern Speisen
»wähl ich dir eine, die in jeder Witterung
»des Zufalls, jedem Klima des Geschicks,
»sich aufbewahren lässt bis zu dem neuen Jahr
»der andern Welt. O sichre dir bei Zeiten
»das einzige von des Genusses Gütern,
»das nie dir fehlen wird, das in dem grössten Mangel
»nicht darben lässt. Gewöhne dich bei Zeiten
»an diese Nahrung, g) wie an Brot und Wasser.

g) Es ist vielleicht nöthig, zu erinnern, dass hier
noch immer vom Herzen und dessen Nahrung
die Rede ist. In dieser Allegorie trifft das Bild
mit der Sache so nahe zusammen, dass ein flüch-
tiges Auge gar leicht beide mit einander verwech-

»Es schmecke dir, auch wenn noch alle Lust der
          Jugend
»auf Sybaritentafeln vor dir steht,
»kein Bissen und kein Tropfen ohne sie.
»Gewöhne dich (denn Biegsamkeit ist war-
          »lich
»an dir, wie an dem leichtgestimmten Gaum,
»das beste) ihren Wohlgeschmack zuerst
»vor ihrer Bitterkeit herauszuschmecken,
»und sey versichert, in der letzten Krankheit,
»wenn jede andre Speise nicht mehr mundet,
»erquickt sie noch, und weckt den halb verschwund-
          »nen Muth,
»und giebt zur letzten Arbeit dir die Kraft. *h)*

Ach freilich, aber Theorie und Praxis
und Rath und That und Wollen und Vollbringen

seln könnte. — — Um dies zu verhüten, ging der Verfasser schon oben von dem Verse: **Fühlt nicht der Irokes'** — bis zu dem: **was ich empfinde, das empfind' ich ja**, vom Bilde zur Sache über, und wandte sich dann mit dem Verse: **Nun gut! Doch im Geschmack** — — wieder zur Allegorie.

h) In den letzten zwanzig Versen ist die Rede von dem, was wir Tugend nennen, insofern daran die Sinnlichkeit, ganz um ihrer selbst, um der Sicherheit ihres Genusses willen, ein Wohlgefallen finden, oder durch Übung sich dieses zu eigen machen soll.

sind von Natur nicht eins! — Und wenn uns Wieland mit
Sankt Jacob zuruft: Lasset euren Glauben
in euren Werken sehn! *i)* so wird mit seinem Christus
der gute Paulus sprechen: Lieben Herren
der Geist ist willig, nur das Fleisch ist schwach! *k)*

O weiser Gott, was kann es einem armen
Poeten helfen, dass er Tag und Nacht
die schweren Regeln seiner Kunst studiret,
wenn dennoch sein Genie mit der Kritik, —
obwohl sie beide nun in einem Hause wohnen,
sich nicht vereinen will, in Rath und That, und jedes
auf seinem Zimmer eingeschlossen lebt! —
— (Gleich zweien Reisenden, — die, jener um bei Hofe
nicht nur die Stimme, auch die keusche Grosmuth des

i) Ein Biedermann zeigt seine Theorie im Leben.
Wieland.
Zeige mir deinen Glauben in deinen Werken.
St. Jakobus.

k) Der Geist ist willig, aber das Fleisch ist
schwach. *Christus.* — Das Gute, das ich will,
thue ich nicht; aber das Böse, das ich nicht
will, thue ich, — und das Fleisch gelüstet wider den Geist. *Paulus.*

des guten Scipio zu persifliren *)
und dieser, um mit Zittern anzufragen,
ob er, nach seinen drei nun abstudirten Jahren
beim Regiment von Z. sich etwa besser
zum Prediger als zum Soldaten schicke? —
kurz, die ein ungleichartiges Geschäft,
ganz ohne Zweck und Ziel, in ein Hotel
zusammen warf) — was würde so ein Wissen
der todten Regeln seiner Kunst dem armen
Poeten helfen? — Nichts, als dass er fremde
Verse
vielleicht weit klügerer censiren könnte,
als eigne machen; — dass der eignen Weisheit
zu nahes Licht nun auch die eigne Thorheit
vor allen Augen rings beleuchtete!

Und doch, o guter Gott, und doch ist dies
nur gar zu oft der Fall bei unserm Herzen

*) Es giebt nämlich eine italiänische Oper: Publius Scipio, in welcher die Helden-Arien bis in den höchsten Diskant hinauf steigen, und wahrscheinlich von einem Kastraten gesungen werden. Der berühmten helden müthigen Enthaltsamkeit jenes grossen Feldherrn bei der Eroberung von Sagunt wird dadurch eben so wenig als seiner Heldenstimme ein gar zu ehrenvolles Kompliment gemacht. — Um zu verstehen, wie diese Oper mit dem Examen eines Feldpredigers zusammen komme, setze man zum voraus, dass sie vielleicht einmal gespielt werden könnte, oder gespielt worden sey, wovon indess der Verfasser nichts zuverlässiges weis.

und unserm Kopf, — bei jenen beiden Wesen, *m)*
die in der engen Hütte dieses Leibes,
obwohl auf kurze Zeit, beisammen wohnen und
gemeinschaftlich die Wirthschaft führen sollen.
Oft kennen sie sich kaum dem Namen nach,
und jeder spielt den Herrn für sich, — oft spottet
bei näherm Umgang der zu kalte **Britte**
im obern Stock des leicht entrüsteten
Hesperiers im untern, bis der letzte
den Dolch zieht, oder was noch ärger ist,
die Wohnung räumt; oft aber überfällt,
aus blinder Eifersucht, der letzte gar den ersten
im Schlaf, und schafft den Mann zu einem — Sän-
/ger um.
Wie nöthig, o wie nöthig wäre beiden
ein Mittelfreund, ein **allbequemender Franzose** *n)*
der mit dem einen raisonniren, mit dem andern
empfinden könnte! — —, Wo der erste
die Kunst bewundert, die den *strengsten Regeln*
gehorsam war, — da müsst' er leicht dem **andern**,

m) Das, was eben die feine Thierheit genannt
wurde (die innere Empfindung nebst der Phantasie) und dann die höhern Seelenkräfte, Verstand und Vernunft.

n) Zur Vertheidigung des hier gewählten Beiwor-
tes (auf welches seit einigen Jahren die Franzosen nicht mehr passen wollen) findet man hin-
ten unter den Fragmenten No. V., ein nöthiges
Publikandum.

der von der Theorie kein Wort versteht, —
des Ausdrucks selten *Kraft* und *Schönheit* mit
 Entzücken
empfinden lassen. Dann begegnete
sich Beider Lob auf halbem Wege, dann
umarmete vielleicht, vor diesem Meisterwerk,
der kalte Kenner den entzückten Dilet-
 tanten
als seinen Herzensfreund! — —
 Das heisst — (denn ach,
Du weist es nur zu wohl, dass ich des Lesers wegen,
Allwissender, so laut vor Dir zu beten
mich unterfing!) die Sinnlichkeit ist doch
allein durch Sinnlichkeit zu überwinden.

Anordnen freilich, und Gesetze geben
muss die Vernunft! — Sie nur hat einen Sinn
für's Ganze, sieht stets, ungeblendet
vom Reitz der Gegenwart, die bange Zukunft
von ferne drohn! berechnet beim Verlust
des Augenblicks den sichersten Gewinn
aufs ganze Daseyn, (L) — sie erlaubt nur das,
was nie gereuen wird, befiehlt nur das,
was ohne heft'gen Schmerz von einer längern Qual
nicht retten, nicht zu einer grössern Wonne
bereiten kann! — Dies ist ihr wohlverdienter Adel,
ihr hohes Recht, Monarch zu seyn, dies ist
ihr anerschaffnes Amt! — Gehorchen also muss
das Volk, das sie zu seinem Heil regieret,
die Sinnlichkeit mit ihren tausend Trieben.

Doch ach, dies Volk ist blind! — blind für sich
selbst;
es kennt nicht seine angebohrne Schwäche,
nicht sein Vermögen, — blind für Zukunft und
Vergangenheit, (obwohl die gegenwärt'gen
Bilder
von beiden es betrüben und erfreun) —
blind für die Majestät der angebohrnen Fürstin
und ihre mütterliche Huld, — geschaffen
nicht zum Betrachten, einzig zum Genuss.
Vom Augenblick, für den allein es Sinn hat,
vom Schmerz und von der Lust des Augenblicks
zu stark gereitzt, wie kann es von Gesetzen
beglückt sich fühlen, die in Zukunft erst
Gewinn versprechen, jetzt Entbehrung wollen?

Im heissen Klima eines wilden Bluts
empört sich leicht, bei hartem Regiment,
das Janitscharenheer der Leidenschaften
und haust despotisch dann mit dem geglaubten
Despoten; — und, wo träge Nebelluft
des Pflegmas liegt, erdrückt der ehrne Zepter
so Muth als Kraft und herrscht in todter Ruh
nur über träge Sklaven: es erstirbt die Flamme
des Enthusiasmus und die milde Wärme
des Mitgefühls, das ganze wahre Leben.

O guter Gott, ist es dein weiser Wille,
dass jemals eine freie Harmonie

der Seelenkräfte, dass ein innrer Friede,
der keine Ohnmacht ist, die armen Sterblichen
noch hier beglücken soll; o so lass die Vernunft
nicht eigensinnig, und nicht all zu stolz
auf ihre eigne Macht — lass sie erkennen:
die Wahrheit, wie sie der Gedanke für sich selbst
gebohren hat, sey für die Sinnlichkeit
ein todter Buchstab, und die helle Weisheit
des Kopfes sey ein unnütz Ding, dafern
nicht ihre Lehren zu dem blöden Sinn
des Herzens, ganz nach dieses schwachen Lehr-
lings
Natur und eigner Weise, an Gestalt, —
doch unverletzt am Geist, sich umzuwan-
deln
geschmeidig und willfährig sind.
         Es hängt
allein am Wie, am So und Anders, etwas
   minder
und etwas mehr, der einzig thät'ge Wille
des Augenblicks. — Hier kann und soll der Fürst,
der in uns wohnet, mehr, als jeder König
der Welt, in seinem Amte Vater heissen, kann
und soll (was unbedingt ein weiser Salomo
nicht darf) sein Volk für Kinder halten, und
durch Täuschung sie erziehn, wo diese
das einzge Mittel ist, die Wahrheit
mit gutem Glück ins Leben einzuführen,
für das allein sie da ist.
       Wenn das Gute,
was die Vernunft zu wählen uns befiehlt,

schon von Natur o) durch seinen Sinnenreitz
beim ersten Anblick unser Herz gewinnt,
und wenn beim ersten Anblick schon das Böse
zurück uns schreckt, dann freilich darf es nicht
der Täuschung, nicht der mühevollen Künste,
den Menschen zu versöhnen mit sich selbst:
hier liegt die Wurzel jenes Übels nicht,
das, wie die Sage geht, in einem Apfelkern
gesäet wurde. Hier erfüllt
ein glücklich Ohngefähr den Willen des Gesetzes.
Doch dieses Ohngefähr kann es Verdienst
und kann es Tugend heissen?
    Nein, die Tugend ist
so wenig ein Geschenk der gütigen Natur,
(obwohl für sie auch glückliche Genies
im Mutterleibe sich organisiren)
als eine kalte Wissenschaft des Guten.
Nein, sie ist eine Kunst, die alle Künste
in sich vereint, in der zuletzt sie alle
ihr höchstes Ziel erreichen.
    O, wie ehrenvoll
herausgehoben aus der ganzen Schöpfung
bist du, o Mensch, durch diese freie Kunst,
und durch die tausend Schwierigkeiten, die
entgegen ihr sich stellen, durch die Ebre
der angebohrnen Sünde, nur von deiner Trägheit,
von der Verläugnung deines Werths ein Übel

o) Sowohl nach der allgemeinen Beschaffenheit
des Menschen, als nach der besondern Organi-
sation, dem Temperament eines Einzelnen.

zur Ungebühr genannt, — durch jene mitempfangne
Disharmonie der Sinnentriebe mit
dem Willen der Vernunft, doch fähig zu
der schönsten Harmonie. So bist du dann
für diese Welt dir selbst dahingegeben,
ein roher Stein, für deine eigne Hand
noch zu behaun, und einst ein Kunstprodukt,
ein Götterbild von deinem eignen Meissel.
Zu einem höhern Glück, als dem Genuss
der Güter dieser Welt, zu dem Genuss
der selbst geübten Kräfte, wenn sie ringen,
in jener Harmonie sich zu umfassen,
schufst Du, o Gott, dein herrlichstes Geschöpf
hier unterm Monde.
                    Sey geschätzt von uns,
du Widerstreit der Triebe mit sich selbst,
geschätzt von uns, du angebohrne Sünde!
du trügerische, kurze Sinnenlust,
die in den Abgrund langer Qualen
uns locken will, — du herber Schmerz der
                    Sinne,
der, mühsam erst bekämpft, den freien Ein-
                    gang
ins Paradies der reinen Lust uns öffnet! —
du Sinnlichkeit, die von dem Augenblick,
vom äussern Schein, vom süssen Reitz
                    des Bösen,
vom finstern Angesicht des wahren Guten
sich angezogen, und zurückgestossen fühlt,
und du, der Gott in uns, der, über jede Täuschung
hinweggestellt, mit einem Blick fürs Ganze,

das Beste nur zu wählen uns gebeut!
In diesem Reich der Zwietracht hat die Tugend
ihr grosses Amt, hier gilt die weise Täuschung,
zwar nicht geglaubt von unsrer Fürstin *p*), doch
vergönnt von ihr, gelenkt und selbst befohlen.
Denn sieh, hier ist der Wille des Gesetzes
lebendig todt, dafern er nicht durch Furcht und
Hofnung
durch Hass und Liebe, Scham und Stolz gewaltig
das Herz zu rühren weis. (M)
Hier muss Verstand
und Phantasie, die einz'ge treue Dienerschaft
von zweien Herren, zu einem gleichen Dienst
für unsre Gott- und Thierheit sich vereinen.
Der todte Geist der reinen Wahrheit werde,
von ihrer Hand in lebenvolle Glieder
gekleidet; was die strenge Pflicht der Noth,
was die begrenzte menschliche Natur
gebieterisch verlangt, das müssen sie
dem unerfahrnen, trotzigen Gemüthe
als angenehm und herzerhebend ein-
zuschmeicheln wissen; — es verwandle sich
der herrische Befehl: *wirf* unter die Gesetze

---

p) Es ist nämlich ein schon oben berührter grosser Unterschied zwischen dieser Fürstin im Menschen, und jeder andern Erdengottheit. Jene
ist mit dem Interesse für ihr Volk gebohren,
und macht mit ihm einen geschaffnen Staat aus
u. s. w.

der ganzen Menschenwelt auch deinen Willen,
du Einzelner! — in diesen ehrenvollen Aufruf:
erhebe deinen Willen zum Gesetze
des ganzen Menschen-Alls!

Im schönsten Bösen
entdecke der Verstand die übertünchten Narben
des Hässlichen und Niedern, die das Herz
beleidigen durch schnell erweckte Scham,
und unsre Liebe schnell in Hass verwandeln; —
in jedem wahren Guten, das durch trüben
Ernst,
durch ein Gesicht voll Mühe, Sorg und Gram
durch eine drohende Gestalt zurück
uns scheuchen will, find' er die süsse Miene
der Huldgöttinnen, oder halb verborgne Züge
des grossen Heldenangesichts, und fessle
die Sinnlichkeit durch Lieb und Stolz.

Von Jugend auf,
und in den Stunden unbefangner Musse,
gewöhne sich durch Kunst die Phantasie,
bald jene Spur des Hässlichen und Niedern,
bald diesen Ausdruck des Erhabnen
und Schönen, schnell heraus zu finden, diese Züge,
so tief sie lügen, immer doch zuerst
gewahr zu werden.

Glücklich ist vor Allen,
wen seine Mutter früh zur Achtung seiner
selbst
mit ernstem Blick gewöhnt, und dessen Stolz (N)
sie nähret, nicht mit angestammtem Gold,
geerbten Wappen, nach dem lauten Lob

der ganzen trägen Siebschaft, wenn der Muthwill
im Schaum des Witzes von der Schlangenlippe
des Knaben sprudelt; — nein, mit dem erhabnen Bilde
der Überwindung des verbotnen Reitzes,
der Duldung jedes Schmerzes, den die Pflicht
uns dulden heisst, und mit dem unbestochnen Beifall
der eignen Überzeugung. Dieser Stolz
sey zu der höchsten Leidenschaft erzogen,
ihm müssen seine Brüder fröhnen! er,
getäuscht vom Ehrenbande, das er selbst
sich um die Kette der Nothwendigkeit
gewunden hat, folgt willig dieser Kette,
und reisst den ganzen Chor der Triebe mit sich fort.
Nur dieser Stolz kennt Güter des Genusses,
die nie vergehn; er lässt, auch wenn wir alles
für ihn geopfert haben, den Verlust
uns nie empfinden, nie beweinen. Dann
macht reicher uns die selbst gewählte Armuth,
und, stellet sich dem frühen Heldentode
die freie Brust entgegen; so geniessen wir
das hingegebne Gut, noch eh wir's geben,
im Hochgefühl des selbst errungnen Werths! — (O)
Wie tausend laue Sonnenstrahlen, jetzt
gefasst in einen Brennpunkt, — Flamme sind,
so wandeln sich die tausend schwachen Freuden
des längsten Lebens, — nun zusammen
gedrängt in einen Augenblick, — sie wandeln sich
in jene Wollust, jenes Feu'rentzücken,

das aus dem Angesicht der Tugend-Martyrer
elektrisch strahlt, elektrisch sich verbreitet. — —

 Doch — wo für Lieb und Stolz der träge Sinn
nicht mehr empfänglich, nur dem gröbern Vortheil
noch offen ist, da, Phantasie, da wende
an Furcht und Hofnung dich, da zaubre du
zur Gegenwart die Zukunft, da bedecke
das lockende Gesicht des Lasters und
den bangen Blick der Tugend *q*) mit der Larve
des künftgen Schadens, künftgen Gewinns.
Gesehn im Wunderglas schnell vorgehaltner Neben-
Ideen, stehe da in seiner räuberischen
Gestalt, in die es bald sich wandeln wird, das
Laster,
das mit des Gebens reicher Miene jetzt
in unsre Sinne lacht; — gesehn in jenem Spiegel,
erscheine vor dem unentschlossnen Geist,
die Tugend, die mit Dolch und Ketten droht,
in ihrer Engelsschöne, wie sie einst
dem langgeprüften, treugebliebnen Freunde
den Palmenzepter der Zufriedenheit,
des Ruhmes Lorbeerkrone reichet, hundertfach,
und zum Genuss für eine Ewigkeit
uns wiedergiebt, was nur auf Augenblicken
sie nahm.

 q) Tugend ist hier nicht in dem Sinne genommen, in welchem es oben vorkam. Hier ist es
  ein Gegenstand, dort eine Kunst.

Gelenkt, o Gott, von allen diesen Künsten
umarmt das Herz die schöne Täuschung gern,
und siehe da, es würde nicht getäuscht!
Gebildet wäre jetzt der gute Genius
des sittlichen Geschmacks, der heilge Geist,
um den wir täglich beten, ohne den
noch nie ein Mensch vor dem Gesetz des Gottes,
der in uns wohnt, bestehen konnte. Jetzt
versöhnten sich, wie misvergnügte Gatten
ihn ihrem ersten Sohn, — Vernunft und Sinnlichkeit
in ihrem gleichgeliebten Zögling, in
dem mühevollen Kunstwerk des Gewissens, — —
und Ruthen, Stricke, Schwerter hingen dann
verwesend und verrostend an den morschen Säulen
des Criminalgerichts.
        Hinauf zu diesem Ziel
ringt jeder Biedermann; hinauf zu ihm
ringt seit Jahrtausenden, des Zweckes unbewusst,
das ganze Menschenvolk, geht irr und gehet recht.
Es glücken hundert Schritte; E i n e r misglückt,
und stürzt zum Fuss des halb erstiegnen Felsenweges
ein ganz Geschlecht hinab. Doch wieder aufzustehn
und den Versuch nach Millionen Malen
mit gleichem Muth und neuer Klugheit neu
beginnen, ist des bessern Menschen würdig!
Jenseit des Mondes wird der g u t e W i l l e
belohnet, — nicht das G l ü c k.
        Darum, o Gott,
lass unsre Fürsten, die sich Väter nennen
des anvertrauten Volks, ach lass sie nie verzweifeln
an ihrem Volk, und nicht in jenem Wahn,

als wäre alles schon zur *freien* Bildung
des Menschen, immer ohne Glück versucht,
und wäre unter tausenden kaum einer
nach Stand, Gewerb und Einsicht einer bessern Zucht
empfänglich, — lass sie nicht, geschützt durch jenen
Wahn,
zur *Sklavenbildung* nur die mächt'ge Hand,
die kräft'gen Füsse reichen. Strick und Kette
seyn nur das Instrument der Nothwehr, nie der Zucht.
Wie leicht ist doch der Fürsten Amt, dafern
sie alles für Unmöglichkeit erklären,
was schwer ist; unter tausend Menschen giebt
es dann nicht weniger als tausend, die
für Kron und Zepter ehr, als für den Pflug
gebohren sind. — — —

Darum, o Gott, lass uns die oft betretnen Wege
zu jenem aufgestellten Ziel der Menschheit r)
von neuem gehn, und wiederum von neuem.
Die meisten sind nur halb gekannt, nur halb
versucht; des Eingangs Dornenbüsche sind
noch nicht hinweggeräumt, und jeder wunde Fuss
kehrt um!
Der erste Pfad, der in das Auge fällt,
und darum auch der unversuchteste,
führt durch das Nothgebiet der Schulen. — Warlich,
was hier gethan wird für die Menschheit, das,
nur das allein ist je für sie gethan,

r) Nämlich dem freien Gehorsam, womit das
Herz den Willen der Vernunft respektirt.

seitdem es Fürsten giebt, die für das Wohl
der Menschen, nicht der Unterthanen nur,
etwas gethan zu haben, laut verkünden.
Von keiner Laun' entweihet, wie der beßre Fürst,
sey der Erzieher; (weh der Schule, wo
der Lehrer nicht erziehen kann, nicht darf,
vielleicht nicht *soll!*) — dem Ideal der Menschenwelt
sey ähnlicher die Schule, als der beste Staat
ihm jemals ähneln konnte; (sieh, so ist
sie Heeresmusterung, gleich der kunstgerechten
Schlacht,
die nie geliefert wird) — Gesetze nur,
dem jungen Volk erklärt, von ihm verstanden,
und angenommen in der guten Stunde, —
Gesetze nur seyn hier die unbestochnen Richter!
Vertheidigung find' ein geduldig Ohr!
Die Wahrheitsliebe sey geehrt in dem,
der seine Schuld nicht läugnet, nicht beschönt!
Die Strafe nur versöhne! nie geschenkt,
doch durch das Mitleid selbst des Strafenden,
und durch der Scene feierlichen Ernst
veredelt! — Wer sich selbst erniedriget,
der sey erniedriget; wer sich selbst erhöht,
der sey erhöht! Du weisst, o Gott, was selten
die glauben, die hier helfen könnten, und die andern
vergeblich sagen: schwerlich öffnet sich
das Himmelreich der eignen Menschenwürde
dem Mann, wenn nicht in seinem Vorhof schon
der Knabe sich gefiel. (P)

s) **Darum, o Gott,**
erhalt uns immerdar die edlen Künste,
erhalt die Künstler uns, (wenn Du sie nicht
erhieltest, ach wer thät es dann!) die sich
mit der Natur *t*) vereinen, alle Nerven
des innern Sinns zu feinerem Gefühl
zu spannen, durch vollkommne Schönheit
sie rein zu stimmen, — die uns bald
den wilden Freiheits-Geist der Leidenschaft
entkräften zu geselligem Gefühl, —
und bald das matte, allzuträge Herz,
vom Schicksal oder von Despotenstolz
gedrückt, — zu eignem Stolz, zu Gegenmuth
und mildem Heroismus stärken!

Darum, o guter Gott, gieb uns ein Vaterland!
gieb jedem Manne seinen eignen Heerd,
sein eignes Feld, und gieb ihm Weib und Kind!
Gesetze, die nicht hungert und nicht durstet,
die keine Väter, keine Brüder kennen,
Gesetze müssen, — gleich dem Nierengurt,
der nicht die Muskeln und die Sehnen schwächt,

---

s) Das hier zu Anfang mehrerer Absätze gebrauchte
   Darum verbindet diese Absätze nicht unter
   sich, sondern schliesst sie alle an denselben
   Punkt an, an welchen sich das erste Darum
   anschliesst.

t) Der schönen und erhabnen Natur, oder vielmehr der Natur, in so fern sie schön und erhaben ist.

der sie zusammendrängt und stärkt — die Freiheit
des ganzen Volkes fest zusammengurten!
Des Reichen Schaden sey gekettet an
des Armen Noth; der Stolz des Herrn bestehe
nur bei des Dieners Recht! Begeistert werde
des Jünglings Herz durch Kunde alter Zeit
in Tempeln aufbewahrt, in Ehrenmälern
gesetzet dem Verdienst entschlafner Väter,
in Statuen, zu denen nicht allein
der Fürst die eigne Silberkammer öffnet, nein
zu denen, als der reichste Patriot,
zwar auch der König seine freie Gabe
darbringen darf, wofern er keinen, als
sich selbst zu ehren meint in dieser Ehre. (Q)

Darum erhalt, o Gott, uns eine dichterische
Religion, die, voll erhabner Einfalt,
was die Vernunft von Dingen jener Welt
mit gleichem Grund vermuthet und bezweifelt,
uns in den schönsten Bildern dieser Welt, —
zu Idealen durch die Kunst erhoben, —
als wirklich giebt, — die uns dein hohes Wesen,
Du Unbegreiflicher, Du Unnachahmlicher,
(der Du, von Schmerz und Freude, Zorn und Liebe
gleich weit entfernt, im wechsellosen Anschaun
des ew'gen Einerlei's der reinen Wahrheit
unendlich selig bist —) dein unbegränztes Wesen
mit einer feinen Sinnlichkeit begränzt,
ein Menschenherz Dir leiht, — (doch eines weisen
und biedern Mannes Herz) Dich einen König

der

der Schöpfung nennt, und einen leichtgerührten
Vater
der Menschen. — Eine sondre Wohnung
sey Dir gebaut, ein Thron, bedient von Engeln!
Jenseit des Nachtgewölkes überm Grabe
erschein' ein mildes Licht, des Thrones Abglanz!
In jener sanft erhellten Ferne steh'
ein reiches Ziel, das selbst den wilden Blick
der Leidenschaften fesselt, neue Kränze,
der müden Tugend zeigt, und Sternendiademe
dem lang' verkannten, lang' verspotteten
Verdienst, der blutig oft verfolgten Wahrheit, die,
des Lebens Ruh entsagend, für den Werth
des Menschen und sein Heil, selbst mit dem Menschen
kämpfte,
und erst im Tode den Triumph errang! (R)

Und darum endlich, Du, der nicht im Tempel wohnt,
erbaut von Menschenhänden, dem wir dort
nicht dienen, (denn der wahre Gottesdienst
lebt in der offnen Welt, und wandelt
im Alltagskleide) darum endlich lass
in Tempeln deines Namens alle Künste
sich ihre Kräfte leihn und ihre Allgewalt
vereinen, um des Menschen ew'ge Hoffnung
und seine künft'ge Seligkeit zu feiern!

Wenn durch des Lehrers ungeschmückte Rede
schon die Vernunft von unsers Daseyns Zweck,
von unsern Pflichten, unserm Recht aufs neue

sich überzeugt hat, dann vergönne sie
dem Herzen auch zu der befohlnen Tugend
sich zu begeistern.

    Hoch empor getragen
vom Fittig des Gebetes, schweb' hinauf
die frohe Seele jenseit aller Sterne
zur freien Wohnung der Gerechten! Hier
eröffne sich ein Himmel, auferbaut
vom feisten Sinnlichen, das je die Phantasie
gereinigt hat zu körperlichem Geist!
Ein Tropfen aus dem Strom der Seligkeit erquicke
das matte Herz! — Schnell wie elektrisch Feuer
durchströme das Gefühl der neuen Jugendkraft,
der Unvergänglichkeit, durchströme jede Nerve
des wonnevollen Busens, und verkläre
den trübsten Blick. Gerettet ist die Würde
der Menschheit. Sieh, entlastet jetzt von Kron
und Zepter, und von seinen Sklavenketten, nur
bekleidet mit der hohen Urgestalt des Vaters,
umarmet sich ein brüderliches Volk,
und seine Kinder findet Adam wieder
im neuen Paradies. Ein Cherub führt
die Martyrer der Tugend, die gehassten Söhne
der Wahrheit, näher hin zum Thron.

    Wir fühlen,
wir fühlen schon an unsrer Stirne wehn
den lang verheisnen Kranz, wir heben in die Palmen
des ganzen Himmels, heben mit empor
die ewig grünen Zweige. — Horch, jetzt rauschet
hernieder, aus der sonnenhellen Wölbung
des Tempels rauscht ein Meer von Harmonie

auf unser Haupt: es ist der Chorgesang,
der jubelvolle Chorgesang der Sphäre,
denn sie begehen unsern Siegestag!

Doch bald nach kurzen Augenblicken, (dass der
Rausch
sich nicht in Trunkenheit verwandle) bald
verlass die nie zu stolze Kunst den Himmel
und schwebe sanft zurück auf diese Welt.
Mit neuem Muth zu neuem Kampf bewaffnet,
zu neuen Tugenden gestärkt, — die Phantasie
geläutert, rein gewaschen von den Bildern
unedler Lüste, rein gestimmt die Sinne
zur Harmonie, nur mit den bessern Freuden
empfang uns wieder dieses Land der Bildung
und die Gemeinschaft aller Hoffenden!

Noch ist der Himmel, den der Glaube sieht,
zum Dienst der Erde da, bald ändert sich
die Scene; dann, o Gott, dann sind auf Erden
wir da gewesen einzig für den Himmel.

Es fällt dahin der träge Leib, es bricht
die Form von Thon, und sieh, der schöne, reine
Guss
des Götterbildes, einst im Feu'r gegossen,
schaut kühn umher, und blickt den Meister an.

Fall hin, du Sinnlichkeit! zwar denkt für dich,
und wegt und prüft für dich, kämpft mit dem Irrthum,

ringt mit der Wahrheit, jagt der Täuschung nach
für dich, der ew'ge Geist, der in dir herrscht und dein,
nur dein ist, was er findet: doch fürwahr
dies Kämpfen selbst, dies Ringen ist nicht dein.
Sein Loos war hier, am treusten dann sich selbst
zu dienen, wenn er dir am treusten dient. — O dank ihm,
so lang er noch für deine Wünsche lebt;
er dank' auch dir für deine Schwachheit, danke
für deinen schwer bekämpften Trotz; denn bald
sprichst du ihn frei von seinen Prüfungsjahren,
und die geübte Kraft, die selbst errung'ne Stärke
geht mit ihm, geht mit dem verwaisten König —
dorthin, wo andre Unterthanen schon,
wo eine andre Sinnlichkeit, im Werden
des jungen Staats, ihm ihre Thore öffnet,
und seinen kräftigen und weisen Zepter küsst! (S)

Erläuterungen.

(A) Es mag hier unentschieden bleiben, ob die H. S. alten Testaments, wo sie vom Lichte redet, in welchem Gott wohnt, nicht grössern Theils ein sinnliches Licht meine. Beim Apostel Jacobus aber (s. den Brief desselben, Cap. 1, v. 17.) dünckt mich der Ausdruck: Gott ist der Vater des Lichts, bei welchem ist keine Veränderung des Lichts noch der Finsterniss, metaphorisch und gerade in dem Sinn gebraucht zu seyn, worin derselbe hier gebraucht wird. Jener Spruch heisst in Paraphrase etwa so viel: alle Vernunft, der Trieb nach Wahrheit, er mag dem Irrthum noch so sehr ausgesetzt seyn, — und das Vermögen dieselbe zu erkennen, es mag von der Natur eines endlichen Geistes noch so sehr begränzt werden; kömmt nicht nur auf *die* Art von Gott, wie jedes *andre* Vermögen, oder jede *andre* Kraft der Körper- und Geisterwelt; sondern ist zugleich, das *Gottähnlichste* in der ganzen geschaffnen Natur: *denn Gott ist die höchste Vernunft.*

(B) Der Satan braucht hier das unschuldige Wort *Aufklärung*, ironisch und zur Bezeichnung einer Abscheulichkeit, nämlich der Feuerpein.

Dies ist seinem bekannten Charakter angemessen, da er von jeher ein Lügner und Sinnverdreher gewesen ist. Er weis sehr wohl, dass man die beste Sache in den Augen des grossen Haufens sehr leicht herabwürdigen kann; wenn man nur das Wort, womit sie bezeichnet wird, durch hässliche Nebenideen widerlich gemacht: denn der grosse Haufe hält sich an den Buchstaben. Dieses Mittels bedient er sich daher überall, wo er ein für sich und sein Reich schädliches Unternehmen frühzeitig unterdrücken will.

Der armen Dienerschaft der Hölle geht es in den obigen Versen nicht viel schlechter, als es heut zu Tage manchem ehrlichen Manne gehen mag, der die moralische **Aufklärung**, und die politische **Mordbrennerei** für Eins hält. —

Gelegenheit zu diesem Irrthume geben freilich auch einige unzeitigen und unvorsichtigen Illuminees, die mit ihren Fackeln alles anzünden, was sie beleuchten, und sich dem Geschäfte der Erleuchtung aus falschem Stolz unterziehen, nicht aus weiser Liebe zur guten Sache. Daher mag es denn vielleicht sehr klug, und wohl gar sehr menschenfreundlich gedacht seyn, dieser Art Leute durch einen Spottnamen nach und nach verächtlich zu machen: nur wär' es, meines Erachtens, zu wünschen, dass man hiezu ein Wort aus einer todten Sprache wählte, und z. B. anstatt von **Aufklärern** und **Illuminees** in herabsetzendem Tone zu sprechen, — jene Pseudoaufklärer, nach dem Geist, der in ihnen (jedoch ohne ihr Mitwissen) zu wirken scheint, lieber mit dem Namen Lucifers belegte. — Doch sey dies ganz einem höhern Ermessen anheim gestellt.

Mehr aber als diese falschen Illuminées (die mit vereinigten Kräften der wahren Aufklärer leicht zu vertreiben wären) wird der oberwähnte Irrthum von den mächtigen Freunden und Liebhabern der Finsterniss absichtlich verbreitet: indem sie jedes Licht, das nicht unter den Scheffel der Mystik verborgen ist, für eine Mordfackel ausschreien, — jede, aus ganz andern Ursachen entstandene, politische Feuersbrunst der Aufklärung zuschreiben und den Namen der ehrlichen und klugen Wahrheitsprediger dadurch profaniren, dass sie denselben auch den vorschnellen und unbesonnenen Revolutionsrichtern beilegen, — oder umgekehrt. —

Das Beispiel dieser mächtigen Wahrheitsfeinde hat leider nur zu sehr gewirkt. Von ihm haben es die neuern Widersacher des Christenthums, weil sie diese heilbringende Lehre dadurch herabwürdigen, dass sie derselben alles Unglück der weltzerstörenden Religionskriege, die Schandthaten der Spanier bei der Eroberung Amerika's, die Inquisition, die Bluthochzeit und hundert ähnliche Gräuelthaten zuschreiben, dass sie von einem Christen überhaupt, als von einem gefährlichen Menschen reden, der für eine unbewiesne und der menschlichen Glückseligkeit gleichgültige Meinung, diese Glückseligkeit gewaltsam zerstört, — bei dem thörichten Stolz, als könne der Mensch seinem Gott einen Dienst thun und bei dem fürchterlichen Wahn, die Theologie enthalte die letzten Gründe der Moral und sey die Mutter derselben für seinen Gott (der noch dazu ein Blutgott sey) und für seine Theologen sich alles erlaubt, aus christlichem Erbarmen seine Brüder mit Kanibalischer Grausamkeit quält; — um die Wahrheit zu retten, die Vernunft in der Geburt erstickt, kurz die Erde zur Hölle macht, damit er dem Himmel Anhänger erpresse, da er ihn doch auf diese Art mit Teufeln bevölkern würde.

So hart diese Beschuldigung und so unwahr sie ist; so hat sie doch denselben Schein der Wahrheit, den das Urtheil der Antiaufklärer über die Aufklärung hat, und vielleicht noch einen grössern. Man vergisst aber in beiden Fällen das Wesentliche vom Zufälligen abzusondern, man verwechselt mit dem Namen die Sache, und man verdammt den guten Gebrauch um des Misbrauchs willen.

Es liesse sich hier pro und contra reden über die Frage: in wiefern der Teufel an diesem Misverständniss Schuld sey. Manche seiner Repräsentanten auf Erden haben den Kunstgriff gebraucht, zwei Partheien gegen einander aufzuhetzen, um dabei im Trüben zu fischen, und beide desto leichter zu überwältigen. Auch sollte man glauben, dass es dem Teufel, wie manchem bösen Fürsten, erwünscht seyn muss, wenn sein Reich mit sich selbst in Uneinigkeit lebt, da nämlich Hader und Zank, Krieg und Blutvergiessen sein Element ist, und er überhaupt mit seinen Unterthanen verfährt, wie mit einem Feuerwerk, das man nur darum so zierlich zusammensetzt und so mühsam ordnet, um es in dieser Form abbrennen und in die Luft verfliegen zu lassen. Allein man muss auch mit dem Teufel, wo möglich, billiger verfahren, als die Anti-Illuminees mit ihren Gegnern. Und da eine Person, welche in dieser Sache competenter Richter ist, mit vieler Heftigkeit versichert, dass des Teufels Reich nie mit sich selbst uneins werde; so mag dann vielleicht der oberwähnte Irrthum, von Seiten der Feinde wahrer Aufklärung, nicht sowohl dem guten bösen Feinde, als vielmehr einer unter wichtigen

Staats- und Kirchenangelegenheiten ganz vergessenen — Logik zugeschrieben seyn. Was aber die heutigen Antichristen anbetrift; so sey es uns sub privilegio erlaubt, ihnen den Teufel beizulegen; denn mit diesen Geschöpfen darf man weder gerecht, noch billig, noch klug umgehn, da sie bis jetzt das göttliche Recht des Stärkern gegen sich haben.

(C) Die Äusserung vieler Politiker über die Aufklärung des grossen Haufens enthält, genau genommen, keinen andern Gedanken, als den: die Menschen müssen unglücklich werden, und sich einander unglücklich machen, sobald einem jeden die Freiheit gegeben oder nur gelassen wird, seine eigne Vernunft zu gebrauchen, oder den Vorzug seiner Natur geltend zu machen. Freilich bei allen übrigen von der Natur empfangnen Kräften und Fähigkeiten des Menschen ist auch die Mässigung (Begränzung, Einschränkung) ein Theil der Bildung, nur durchaus nicht bei der Vernunft und dem Verstande. Daher sagt man zwar: mässige deine Leidenschaft, aber wer wollte sagen: mässige deinen Verstand oder deine Vernunft; man müsste denn eine besonders faule Vernunft haben, die sich gern auf die Vestung des blinden Glaubens setzen lässt, blos weil ihr dort Brot und Wasser umsonst gereicht wird. In Verstand und Vernunft allein wohnt das, was wir das Ebenbild Gottes in uns nennen, in ihnen allein das, was uns zur Pflicht macht, alle Menschen und nicht auch alle Thiere unsre Brüder zu heissen, — Brüder nicht nur für diese Welt, sondern für unser ganzes Daseyn. Wäre nun die Aufregung und Bildung dieses Vorzuges unsrer gemeinschaftlichen Natur, bei einer Million gegen wenig Tausende, schlechterdings mit der Zerrüttung unsers Erdenglücks verbunden; so stünde unser Vorzug mit unserm Glück im Streit; so sollten wir von Gottes wegen, was uns unglücklich macht; — — oder alles, was wir unser Glück nennen, Ruh und Wohlergehn in dieser Welt, ist nicht unser Glück; wir sind verpflichtet durch Krieg und Streit ins Reich Gottes einzugehen (welches dann freilich nicht in Essen und Trinken, Dinées und Suppees, Opern und Maskeraden bestehen würde) und ein gottesfürchtiger Politiker, wenn er konsequent ist, muss uns durch keine Vorspiegelung von Ruhe und Wohlstande eines zeitlichen Staates davon abhalten. — Er spielte sonst die Rolle der alten Schlange, die durch einen schönen, vielleicht aber gar, (wie ich aus guten Gründen vermuthe) wurmstichigen Apfel, den Menschen um das Ebenbild Gottes, durch den Reitz eitler Güter, um die ewige Seligkeit betrog, und ihn zum Sklaven des Teufels und aller seiner Repräsentanten machte.

Doch im Ernst und zur Ehre der Menschheit gesagt: die Freiheit des Verstandes und der Vernunft an sich hat noch nie einen Schaden in der Welt angerichtet. Nur die thierische Freiheit der sinnlichen Triebe hat dies gethan. Bei welchem Menschen es nun der unglückliche Fall ist, dass Verstand und Vernunft, die angebohrnen Herren der Sinnlichkeit, ihren Unterthanen dienen müssen, da mag es seyn, dass vermittelst dieser Herren jetzt mehr Schaden angerichtet wird, als die thierischen Unterthanen durch sich selbst anrichten würden. Dies ohngefähr meint man, wenn man sagt, ein kluger Bösewicht ist gefährlicher, als ein dummer. Aber wer wollte alle Monarchien umstossen, blos weil es der Fall ist; dass manche Königreiche alle Fehler der Republik und der Monarchie zusammen in sich vereinen, ohne uns durch das Gute von beiden schadlos zu halten?

Nehmt an, alle Monarchen trügen so deutlich das Siegel ihrer von Gott empfangnen Oberherrschaft über ihr Volk an sich, als es die Vernunft an sich trägt, welche die wahrhaft gebohrne Selbstherrscherin unsrer Sinnlichkeit seyn soll; erinnert euch dann, dass es Fürsten gegeben hat, welche dieses Siegel ihrer Stellvertreterschaft Gottes so sehr verkannten, dass sie sich selbst von Maitressen, Kammerdienern, Pfaffen und ihren Gespenstern regieren liessen, und also gerade in demselben Verhältniss zu einigen ihrer Unterthanen standen, in welchem Verstand und Vernunft zu den ihrigen stehn würden, wenn sie von gewissen sinnlichen Trieben, die in ihrem Reich zu den höchsten Posten avansirt, oder Lieblingsleidenschaften geworden wären, sich lenken und führen liessen; — erinnert euch ferner, dass jene Könige in der Meinung, es geschehe warlich aus ihrer höchst eignen Bewegung, und aus höchst eigner Liebe zu ihren Unterthanen oder aus Achtung gegen Wahrheit und Recht, manches gesetzkräftige Edikt ergehen liessen, welches doch ihre Maitressen, ihre Kammerdiener, Pfaffen oder Gespenster aus niedrigst eignem Interesse diktirten, und zur Unterschrift vorlegten, so wie dies der Fall bei der Vernunft ist, wenn sie, unter der Maitressen- Kammerdiener- und Pfaffenherrschaft der Sinnlichkeit, sich so tief erniedrigt, dass sie die blöden Sophismen unterschreibt, wodurch sich die thierischen Begierden gesetzmässig rechtfertigen wollen, — — erinnert euch hieran, und sprecht nun, wollt ihr (ich rede die an, die sich angeredet halten!) wollt ihr die Vernunft und dann auch alle Fürsten dethronisiren? oder wollt ihr lieber, dass die Vernunft ihre wahrhaft angebohrne monarchische Freiheit behalte, damit man auch den Königen erlaube, ihren nicht angebohrnen Zepter zu handhaben? — Warlich, wer gegen die freigebohrne Vernunft und ihre Rechte spricht, wer behaupten kann, dass sie dem Menschen verderblich sey, weil sie oft, anstatt der Sinnlichkeit zu gebieten, sich von ihr gebieten lässt, und dann die Frechheit aller thierischen Triebe autorisirt und scheinbar gesetzkräftig macht, der verdient der Jacobinerrotte Erster zu seyn; denn die Geschichte lehrt uns, dass es in diesem Fall allen sogenannten Selbstherrschern noch schlimmer erging, als der Vernunft. Freilich, die selbstherrschende Vernunft herrscht nicht immer selbst; aber unter hundert Monarchen — wie wenige gab es, die nicht die Kreatur ihrer Kreaturen wurden! Soll darum die Vernunft unter einer privilegirten positiven Religion stehen; so bedürfen alle Fürsten eines Vormundes und soll jene gefangen genommen werden unter den Gehorsam eines blinden Glaubens; so darf kein König König seyn, der nicht im Gefängniss an der Kette, oder geblendet wie Zedekias (dessen Strafe alsdann für einen Fürsten keine Strafe wäre) die Edikte unterschreibt, welche ihm vorgelegt werden. Dass der Inhalt dieser Edikte von Gott selbst eingegeben sey, könnte man einem Fürsten in solcher Lage gar sehr leicht begreiflich und eindringlich machen.

Nein, lasst den Königen ihre Augen, und lasst der Vernunft ihre Freiheit. Wenn ihr aber irgend etwas thun wollt, so sucht die Vernunft mit der Sinnlichkeit in ihr richtiges Verhältniss zu setzen. Macht, dass die letzte sich unter die Gesetze der ersten bequemt, und ihrer Monarchin mit Freuden gehorchet. Manchen Auflauf, manchen Tumult werdet ihr freilich auch in diesem Königreich erleben, aber so gros werden sie nie seyn, als eine Revolution der Sinnlichkeit dann zu seyn pflegte, wenn ihre Königin in den engbewachten Tuilerien einer positiven Religion lebt, oder ihrem Diener mit der Guillotine der Cassation das Haupt abgeschlagen wird.

(D) In folgender Weissagung Christi sind wahrscheinlich auch unsere Zeiten mitbegriffen. (S. Evang. Matthäus C. 7. v. 12.) »Es werden nicht alle, die zu »mir Herr, Herr sagen, in das Himmelreich kom- »men, sondern die den Willen thun meines Vaters »im Himmel. Es werden viele zu mir sagen an je- »nem Tage: Herr, Herr, haben wir nicht in deinem »Namen geweissaget? Teufel ausgetrieben? (d. h. die »Mystik und die weisse und schwarze Magie getrie- »ben) haben wir nicht in deinem Namen viel Thaten »gethan? Dann werde ich ihnen bekennen: ich »habe euch noch nie erkannt, weichet von mir, ihr »Übelthäter!« — Auch scheinen folgende Worte auf die geheime Geschichte unserer Tage hinzudeuten: (Matth. 24. v. 24.) »Es werden viele falsche Chri- »stus aufstehen. Wenn man euch aber sagen wird: »siehe, hier ist Christus, oder da ist Christus, »siehe, er ist in der Wüste, siehe, er ist im C a b i- »n e t, so sollt ihr es nicht glauben.«

(E) Der heutige Gang oder Rückgang der Aufklärung in manchen Reichen kann vielleicht kein passenderes Seitenstück haben, als den Bau des zweiten Jerusalems. Cyrus, den man in mancher Rücksicht den Einzigen seiner Zeit nennen kann, erlaubte und begünstigte den Bau der zerstörten Gottesstadt; aber ein verläumderischer Brief der Feinde

Israels (Esra C. 4, v. 11-16.) bewirkte vom Könige Arthahasta das Edikt (v. 17-22.) wodurch dem Baue, zu vorgeblicher Sicherung des königlichen Interesses, Einhalt gethan wurde. Trotz dieses scharfen Ediktes munterten indess die Männer Gottes, Sacharia und Hagagi, die Juden zur Fortsetzung des angefangenen Werkes auf. (C. 5.) Endlich erhielten sie denn wieder vom Darius eine neue gesetzliche und ehrenvolle Erlaubniss fortzubauen, (C. 6.) doch konnten sie auch jetzt nur unter dem Schutz gezogner Schwerter ihre Arbeit vollenden. (Nehemia C. 4.) Wer die Geschichte dieses Baues zum Vehikel einer allegorischen Erzählung von den Schicksalen der Aufklärung gebrauchen wollte, müsste entweder ein Mann Gottes, wie Sacharia, seyn, oder er müsste in einem Lande wohnen, wo ein Darius nicht noch zukünftig ist.

(F) In diesen, mit unterscheidender Schrift gedruckten zehen Versen ist das Thema des ganzen Gedichts angegeben.

Alles arbeitet jetzt, wenn man den Leuten glauben darf, an der Veredlung des Menschengeschlechts. Der Mensch soll zuerst sich selbst, in seiner Natur, in seinen mitempfang'nen Kräften und in seiner angebohrnen Würde kennen lernen; er soll ferner einsehen, was in dieser Welt (in der irdischen Verbindung mit Wesen seiner Art) seine Pflichten und was seine Rechte sind, und dann — das Schwerste von allen und der Zweck jener Einsicht, — er soll seine Kräfte nach der erkannten Bestimmung derselben richtig anwenden, und seine Würde in sich selbst erhalten, er soll seine Pflichten erfüllen und seine Rechte behaupten, kurz er soll sich in eine doppelte Harmonie bringen, erst mit sich selbst, und dann mit der Welt.

Dass diese Veredlung noch bis jetzt nur ein frommer Wunsch ist, liegt freilich eines Theils am Mangelhaften der Erkenntniss des Menschen. Er kennt seine Kräfte noch nicht genug, er ist über seinen eigenen Werth noch nicht einig; er sucht noch das letzte Prinzip seiner Rechte und Pflichten, um beide darnach abmessen zu können, und weder mehr noch minder zu entsagen oder zu behaupten, zu thun oder zu lassen, als es seine eigene Natur und sein Verhältniss zur übrigen Menschenwelt verlangt, kurz, er hat noch keine systematische Moral, die jedem Anlauf des Zweifels Trotz bieten kann; und vielleicht ist er auch in diesem Fach nur zum Wissen des Stückwerks, zum Fragmentisten geschaffen.

Überdies aber ist auch noch eine grosse Kluft befestiget zwischen Erkennen und Wollen, Wissen und Thun: sie ist das Werk der natürlichen Disharmonie zwischen Vernunft und Sinnlichkeit. Die Vernunft will das Gute, und verbietet das Böse, die Sinnlichkeit liebt das Angenehme und hasst das Unangenehme. Da nun von Natur nicht alles Gute angenehm, und nicht alles Böse unangenehm ist, sondern nur zu oft das Gegentheil statt findet; so ist es, meines Erachtens, nicht nöthig, jene Disharmonie einem Deo ex machina zuzuschreiben, und sie, als Erbsünde, unsern ersten Eltern zur Last zu legen. — Aber nöthig ist es, die Kunst zu lernen, (und sie mag in der That die Kunst aller Künste heissen) wie wir uns nach und nach alles Gute zu etwas Angenehmen und alles Böse zu etwas Unangenehmen machen können. — In dieser Kunst lässt uns die christliche Religion durch das, was sie unter dem erhabnen Personifikat des H. Geistes vorstellt, hülfreiche Hand leisten. — Diese Kunst meinen vielleicht die Bauer am Tempel Salomo's, wenn sie von Vereinigung der Stärke, der Weisheit und Schönheit sprechen. (Unter Stärke verstehn sie vielleicht die executive Gewalt der Sinnlichkeit, unter Weisheit die gesetzgebende Macht der Vernunft, und unter Schönheit sehen sie vielleicht das einzige Mittel, beide Mächte, zum Glück der in der That monarchisch demokratisch gearteten Natur des Menschen, in friedliche Vereinigung zu bringen.) — So scheint es mir endlich, als ob die Griechen unter der Göttin Nemesis sich ohngefähr das gedacht hätten, was wir jetzt die strenge Göttin der Vernunft nennen könnten, die bei ihren Gesetzen auf kein gegenwärtiges Angenehm oder Unangenehm Rücksicht nimmt; sondern aus Gründen, deren Kraft die arme Sinnlichkeit nicht ganz fühlt, gebeut und verbietet. Das Gemälde der Grazien könnte alsdann dem Bilde der Nemesis zum Gegenstück dienen. Die Grazien gewinnen die Sinnlichkeit für das Gute, durch den Reitz, den sie auf dasselbe tragen; oder durch das verborgne Angenehme, das sie der Sinnlichkeit darin entdecken lassen. —

So viel zur Erklärung des angegebenen Thema's. Wer das Gedicht, ohne sich durch die Anmerkungen unterbrechen zu lassen, zu Ende liest, wird vielleicht dieser Erläuterung und noch mancher andern nicht bedürfen.

(G) Unter feiner Thierheit verstehe ich das, was man sonst die untern Seelenkräfte zu nennen pflegte, die Fähigkeit der innern Empfindung und der Phantasie (welche wir auch den Thieren nicht absprechen können) nebst allen Trieben, welche vermittelst dieser Fähigkeit befriedigt werden. Über Art und Maass dieser Befriedigung soll beim Menschen die Vernunft vermittelst des Verstandes entscheiden, beim Thier

ent-

entscheidet der Instinkt, der, selbst ein Sklave, über Sklaven herrscht. Die Vernunft richtet sich bei ihren Gesetzen sowohl nach der begränzten Natur des einzelnen Menschen, als nach dem Verhältnisse desselben zur Menschenwelt; der Instinkt bleibt bei der Natur des Einzelnen stehen.

(H) In jener feinen Thierheit, sagt der Text, geniesse der Mensch sein Erdenglück; denn das Göttliche in ihm (seine höhern Seelenkräfte) könne gar nicht geniessen.

Zur Erläuterung und Begründung dieses Gedankens, und um manchen Einwendungen im voraus zu begegnen, hab' ich zweierlei anzumerken.

Erstlich: Die abstrakteste Wahrheit und die geistigste Vollkommenheit interessirt uns nur, in so fern wir sie entweder in ein Bild übertragen und die Anschauung desselben unsern innern Sinn vergnügt, — oder in so fern wir sie in ihrer Anwendung oder Einwirkung auf die Sinnenwelt wahrnehmen, und uns diese Wirkungen selbst, oder das Bild dieser Wirkungen angenehm sind, — oder in so fern wir endlich bei Entdeckung oder Beurtheilung dieser Wahrheit und Vollkommenheit unsre eigne Kraft fühlen, und unser Stolz sich belustiget.

Wenn dies alles fort fiele: so würde Wahrheit und Vollkommenheit, Irrthum und Unvollkommenheit gar kein Interesse für uns haben können, sie würden ohne Bezug auf unsern Zustand nur eine todte Erkenntniss des Verstandes und der Vernunft von der Übereinstimmung und Nichtübereinstimmung eines Dinges mit einem andern seyn.

F

Zweitens: Der Mensch ist *in* seiner feinen Thierheit glücklich, heisst nicht etwa: er ist *durch* sie glücklich. Nein, der Mensch soll und kann nur durch seinen Verstand und seine Vernunft, oder vermittelst derselben glücklich werden, aber er ist es auch nur in einem Zustande seiner innern Empfindungen. Um mich deutlich zu machen, muss ich von dem Begriff Glückseligkeit ausgehen. Ich verstehe darunter: die **dauerhafteste** und **stärkste** Lust, die der Mensch unter der nothwendigen Begränzung seiner Natur und seiner Welt geniessen kann.

Alles, was jene längste Dauer oder grösste Stärke vermindert oder schwächt, ist *böse* (es mag nun an sich oder im gegenwärtigen Augenblick **Lust** oder **Unlust** erwecken); alles, was die Beförderung und Erhaltung dieser Dauer und Stärke nothwendig erfordert, ist *gut* (es mag nun gleichfalls an sich **Lust** oder **Unlust** hervorbringen.) —

Je mehr wir uns mit unserm Zustande jenem Ideal nähern, (dem Ideal menschlicher Glückseligkeit) desto glücklicher sind wir.

Das Materielle der Glückseligkeit ist Lust; die Fähigkeit der Lust und Unlust ist innere Empfindung: das Materielle der Glückseligkeit ist also für die innere Empfindung, oder auch für die innere Sinnlichkeit.

Aber gerade das, was die Lust zur Glückseligkeit machen kann, nämlich das Gute, ist gar kein Objekt der Sinnlichkeit.

Für sie ist keine Zukunft, keine Vergangenheit, sondern alles Gegenwart; Zukunft und Vergangenheit kann nur als Gegenwart auf sie wirken. Die Phantasie ist das glückliche Medium, in welchem sich die innere Empfindung gegenwärtig machen lässt, was ausser diesem Medium nicht gegenwärtig ist, oder durch welches auf die innere Empfindung so gewirkt werden kann, als sonst durch die äussere gewirkt wird, ja auf eine noch stärkere Art, so dass sie oft die Einwirkung der äussern Sinne unterdrückt, und diese unter ihre Herrschaft bringt. Die Sinnlichkeit kann auch weder vergleichen noch schliessen; jenes thut der Verstand, dieses die Vernunft; hier führen die äussern und innern Sinne nur die Gegenstände herbei, welche verglichen werden und von welchen geschlossen wird. Verstand und Vernunft allein können also die Objekte der sowohl extensiv als intensiv grösstmöglichen Lust, nach dem Maassstabe unsrer Natur und unsres Verhältnisses zu gleichgeschaffnen Wesen, mit denen wir in gegenseitigem Einfluss stehen, bestimmen, und uns nach dieser Bestimmung Gesetze geben über das Gute und Böse.

(I) Die unmittelbare Folge aus dem, was in der vorhergehenden Erläuterung gesagt ist! — Obgleich also die Glückseligkeit, als Materie, nur ein Zustand unsrer innern Empfindungen ist, oder, obgleich wir nur mit und in der Sinnlichkeit geniessen können; so soll diese doch, weil sie selbst weder die Gegenstände des Genusses wählen, noch die sicherste Weise des Genusses bestimmen kann, — ganz um ihrer selbst willen, vom Verstande und der Vernunft abhängen: diese müssen Gesetze und Regeln des Genusses geben.

Das Bild von der Schule ist vielleicht nicht ganz glücklich gewählt. Nur in der kurzen thierischen

Epoche des ersten Lebens darf und muss man den jungen Menschen unbedingt vom Eigenwillen eines andern abhängen lassen: sobald er aber seinen Verstand zu vergleichen, seine Vernunft zu schliessen, gebrauchen kann; muss er sich selbst Gesetze geben. — Doch hievon ein Mehreres in einer der folgenden Erläuterungen.

(K) Es ist hier die Rede vom Gewissen als einem angebohrnen Gefühl des Guten und Bösen. Schon aus den vorangehenden Anmerkungen muss sich, meines Bedünkens, ergeben, dass so ein Gewissen nicht da seyn könne. Für die innere Sinnlichkeit (welche in dieser Stelle des Gedichts Herz genannt wird) giebt es kein Gutes und kein Böses, sondern nur ein Angenehmes und Unangenehmes; so wie für den physischen Geschmack nichts gesund noch ungesund ist, obgleich es für ihn etwas Wohl- und Übelschmeckendes giebt. — (Auf diese Ähnlichkeit gründet sich die Allegorie, in welcher der Verstand und die Vernunft in der Person eines Arztes sprechen.)

Von Natur schon müsste alles Böse Unlust, und alles Gute Lust erwecken, wenn es ein angebohrnes Gewissen gäbe, welches denn doch nur im Gefühl der Lust und Unlust, nicht des Guten und Bösen bestehen würde. Dies ist aber nicht der Fall. Das Böse kann alle möglichen Modificationen des Lustgefühls und das Gute alle möglichen Modificationen des Gefühls der Unlust wirken.

Alles Böse kann von dieser oder jener Seite schön oder gar erhaben seyn, und es kommt nur auf den, so oder anders gebildeten, Sinn an, welche Seite zuerst auf ihn wirke, und wie stark sie wirken soll. Hieraus erklärt sich die auffallende Abweichung ganzer Völker und einzelner Menschen in dem, was wir moralischen Sinn, moralischen Geschmack nennen. Daher kömmt es, dass der Iroköse seine Grausamkeiten für Tapferkeit hält, dass der fanatische Ravaillac eine kühne aber gottesdienstliche Handlung zu thun glaubte, da er den halbketzerischen Heinrich ermordete; daher ist überhaupt die Idee eines Teufels *möglich*, eines Wesens, das keine Lust kennt, als die Lust am Bösen.

Die Furcht, die vielleicht der Teufel bei Ausführung einer teufelischen That empfindet, und wodurch seine Lust geschwächt wird, ist auf keine Weise die Stimme eines Gewissens, eines Gefühls, das seiner Natur nach ein competenter Richter über das Gute und Böse seyn kann; denn erstlich ist dies Gefühl durch die Nebenidee der Strafe gewirkt, und dann kann sich eine gleiche Furcht auch bei Ausführung einer guten Handlung finden, so wie sie oft bei der bösesten gänzlich fehlt. Mancher Spanische Fanatiker, der in den Schlachten gegen die zu bekehrenden Amerikaner auf dem Wahlplatz blieb, ist mit dem seligen Gefühl eines Martyrers für die Religion gestorben, und hat, ohne an die Hölle zu denken, alle Thore des Himmels, wie der heilige Stephanus, zu seinem Eingang eröffnet gesehn.

Das, was wir Gewissen nennen sollten, ist ein Kunstwerk, nicht ein Naturprodukt, es ist die mühsam gebildete Harmonie des Gefühls der Lust und Unlust mit den Vorschriften der Vernunft über gut und böse.

(L) Der sicherste Gewinn aufs ganze Daseyn. —

Man wird den Verfasser nicht falsch verstehn, wenn man aus mehrern Ausserungen sowohl des Gedichts als dieser Anmerkungen schliessen wollte, er nähme nur eine Art von Sichrungsmoral an, und sein Prinzip sey Sichrung der Glückseligkeit. Noch bis jetzt hat er sich von keinem andern Unterschiede zwischen Moral und philosophischer Politik überzeugen können, als dem, dass die Politik von der Sichrung der Glückseligkeit für dieses Leben, die Moral aber von der Sichrung der Glückseligkeit für unsre ganze Existenz ausgehe. (Da er von Sichrung redet; so darf er seiner Moral keinen unanfehlbaren Beweis der Unsterblichkeit voranstellen.) Er kennt nur eine theoretische Vernunft, die nur in so fern praktisch zu nennen ist, als ihre Schlüsse sich auf Handlungen anwenden lassen, und in dieser Anwendbarkeit gleichsam ein Recht erhalten, die Gesetzform anzunehmen.

Doch ist es für den Zweck dieses Aufsatzes nicht nöthig, hierüber mehr zu sagen. Der Hauptgegenstand des Gedichts ist das Wie, die Art, der Einwirkung der Vernunftgesetze auf die Sinnlichkeit, nicht aber diese Gesetze selbst, oder der Ursprung derselben. Wäre der Verfasser also auch in seinen Meinungen über die beiden letzten Gegenstände ein Ketzer; so ist er es deswegen nicht auch in dem, was er vom ersten sagt.

Die Gesetze mögen enthalten, was sie wollen, sie mögen sich herschreiben, woher sie wollen, nur seyn sie von uns selbst, von unsrer Überzeugung angenommen, so ist die Frage immer dieselbe: wie werden, diese Gesetze in einen thätigen Willen verwandelt? und, meines Erachtens, wird auch die Antwort auf diese Frage immer dieselbe bleiben. Wir werden schon mehr gethan haben, als wir vielleicht auf Erden thun können, wenn wir nur jeden Menschen in Harmonie mit sich selbst bringen, wenn nur jeder Mensch nach seiner besten Überzeugung handelt. Diese ist leichter zu korrigiren, als der Wille, der nie gewohnt war, von der Überzeugung abzuhängen.

(M) Die Determinirung der Sinnlichkeit zu moralischen Absichten durch Hoffnung und Furcht oder durch das Bild des künftigen Vortheils und des künftigen Schadens ist die unsicherste, obgleich bei so viel tausend von Jugend auf verdorbnen Menschen, die einzige. — Die hauptsächlichste Schwierigkeit liegt darin, dass die Phantasie selten das Bild eines Dinges, das ganz ausser dem jetzt wirkenden Dinge liegt, oder das auf keine Weise in demselben gegenwärtig ist, blos vermittelst der Nebenideen, zu dem Grade der Lebhaftigkeit und des Interesses für die innere Empfindung bringen kann, welcher nöthig ist, das anreitzende oder zurückstossende Bild des gegenwärtigen Dinges zu verdunkeln und die Stärke einer von aussen her geweckten Leidenschaft zu unterdrücken. Daher ist einem Menschen, dessen moralische Rührungsmittel blos Himmel und Hölle sind, nicht so viel zu trauen, als leider noch bis jetzt geglaubt wird, und geglaubt werden soll.

Bei der Bildung durch Lieb' und Hass (durch das Schöne und Hässliche) oder durch Stolz und Scham (durch das Erhabne und Niedrige unsrer selbst) ist das anders. Der Gegenstand zieht uns sogleich an sich, oder stösst uns sogleich von sich zu rück, als er in die über Hässlich und Schön, Erhaben und Niedrig angenommene Form unserer Sinnlichkeit passt oder nicht passt. Freilich setzt diese Bildung voraus, dass noch keine Verbindung da ist.

Ich merke hier beiläufig an, dass ich mir bei dem häufig gebrauchten und misbrauchten Spruch: Christus hat uns erlöset vom Joch des Gesetzes, nichts grösseres denken kann, (ob sein Autor dies gedacht habe, bleibe unentschieden) als: Christus hat unser Herz für die Gesetze Gottes, oder der im Namen Gottes sprechenden Vernunft, besser zu rühren gewusst, als Moses und die Propheten. Die Letzten rühren grösstentheils nur durch Erweckung einer lebhaften Furcht oder Hoffnung, (besonders durch Furcht; sie schrecken mehr vom Bösen zurück, als dass sie zum Guten hinlocken) Christus aber begeistert den Menschen für seine Lehren durch Erweckung einer lebhaften Liebe zu Gott, unter dem sinnlichen Bilde eines Vaters oder eines lebhaften Stolzes, diesem Vater ähnlich zu werden! Er gab dem Gesetz der Vernunft eine andere und bessere Art des Einflusses auf die Sinnlichkeit, und befreite diese also vom Joche jenes Gesetzes. Hierin besteht, wie mich dünkt, der unverfälschte und eigenthümliche Charakter unsrer Religion!

(N) **Stolz ist Trieb nach dem Gefühl der eignen Kraft, und dieses Gefühl selbst.** Man lenke oder gewöhne diesen Trieb seine grösste Befriedigung in der Macht zu fühlen, die er über das Heer aller andern Triebe erhalten kann*). Die Sinnlichkeit hat dann zwar keinen an-

---

*) Jeder Trieb der menschlichen Seele kann so herausgehoben werden, dass man für seine Befriedigung

dem Bestimmungsgrund, als den, sich auf Kosten ihrer selbst, ihrer eignen Kraft zu freuen: aber die Vernunft, obgleich sie zu ihren Gesetzen aus ganz andern Gründen bestimmt wird, kann sich unter allen Trieben des Stolzes am besten bedienen, um die Sinnlichkeit zur Executirung ihrer Befehle unter dem Scheine der Freiheit zu zwingen. Sie stellt nämlich diesem Triebe die unbedingte Befolgung ihrer Gesetze zum letzten Ziel auf, und so lässt uns dieser Trieb für die Erreichung seines Ziels alles thun, alles leiden, und er setzt der ganzen Sinnlichkeit in seiner Befriedigung, was sie für ihn entbehren, für ihn aufopfern muss. Ein so gelenkter Stolz ist dann Gefühl unsrer eignen Würde.

Einem Mann, welcher (dass ich so sage) ein Eingeweihter seines eignen Ichs ist, werd' ich keine Geheimnisse offenbart, oder gar zu mystisch gesprochen haben.

(O) In der Erhabenheit der Vorstellung, nach dem Willen der Vernunft, nach der Überzeugung vom Bösen und Guten, alle dagegenstreitende Lust und Unlust überwunden zu haben. Der, als dominirender Trieb geliebte Stolz, genährt von jener Vorstellung, und durch ihre Erhabenheit gerührt, hat nämlich einen doppelten Werth für uns. Er ist erstlich das beste Medium, unsre Sinnlichkeit, in allen ihren tausend Trieben, nach den Sichrungsgesetzen der Vernunft zu lenken; — und dann sind auch die Güter seiner Befriedigung in seiner eignen Hand, indess die Güter des Genusses für alle andern Triebe vom Schicksal abhängen. Ja, wenn

aller andern Befriedigung entsagt, und alle Schmerzen, ja selbst den Tod für ihn nicht fürchtet.

auch die Sicherungsgesetze der Vernunft uns hie oder
da mehr entbehren liessen, als wir unsrer Natur und
der Welt nach entbehren dürften; so haben wir
doch in ihm den reichsten Ersatz. Wir haben mit
Aufopfrung gethan, was wir nach der Überzeugung
unsrer Vernunft thun sollten, und etwas besseres,
etwas grösseres hat nie ein Mensch gethan, kann
und soll er seiner Natur nach nicht thun.

(P) Vielleicht (denn wie können wir, die wir
am Fuss des Berges wohnen, mit Sicherheit bestimmen, was und wie weit man oben sehen kann) vielleicht wäre es nicht nöthig die Ruhe Teutschlands
im unruhigen Frankreich von neuem zu begründen,
wenn wir vordem nicht den Geist der Gesetzlosigkeit,
der Anarchie und des Despotismus in unsern Schulen
hätten überhand nehmen lassen. Wäre das Gegentheil geschehen, so brauchte, meines Dafürhaltens,
der Staat nur ohngefähr so gut eingerichtet zu seyn,
als die Schule; und wir dürften bei uns kein Nach-
spiel der ausgearteten und ungerechten, vormals aber
vielleicht nothwendigen und rechtmässigen Französischen Revolution befürchten. Der Revolutionsgeist
ist einer ansteckenden Krankheit gleich, die aber nur
denjenigen wirklich ansteckt, in dessen Blut sich
schon längst eine ähnliche materia peccans aufhielt.
— Doch, ich komme von meinem Zweck ab. —
Unsre Schulen sind der wirklichen Welt, für welche
doch allein erzogen wird, theils gar zu ähnlich,
theils gar zu unähnlich, jenes in allem, was man an
der Welt tadeln muss, dieses in allem, was man an
ihr zu loben hat. Zu dem letzten gehört ohnstreitig
die Sicherung der Freiheit eines Volkes durch Gesetze.

Es sey mir erlaubt, bei diesem Gegenstande einen Augenblick länger zu verweilen.

Wie bedauernswerth ist ein guter König, der in
Beschützung und Sichrung der Freiheit oder wohl gar
der Glückseligkeit seines Volks seine ganze schwere
Pflicht erkennt; und dessen Seele glüht, dies von
der Vorsehung oder vom Volke selbst so ehrenvoll
ihm übertragne Amt, mit Dahingabe seiner häusli-
chen Ruhe, mit Entsagung aller Vergnügungen, mit
Aufopferung seiner besten Lebenskräfte, ganz zu erfüllen: — wie bedauernswerth ist er, wenn die unmündige Nation seine in der That grosse Absicht ver-
kennt, wenn sie die Weisheit oder Güte seiner Gesetze bezweifelt, und die nothwendigste Bedingung
einer geselligen Freiheit verwirft, wenn sie, berauscht von einem wilden, thierischen Freiheitsgeiste, alle Bande der Bürgerpflicht und so die Nerven
ihrer vereinigten Stärke zerreisst, oder wenn doch
die sklavische Furcht vor der willkührlichen Strafe
des Gesetzgebers das einzige ist, warum der grössere Haufe die Mauer der Gesetze nicht von innen
bestürmt, in welcher er nur sein Gefängniss, nicht
seine Schutzwehr gegen den Feind erblickt.

Umsonst, dass der weise Regent bei sich selbst
überzeugt ist, in seinen Gesetzen die nothwendige
Bedingung der allgemeinen Freiheit und Glückseligkeit aufgestellt zu haben: umsonst, dass ihm die Philosophen seines Tisches beweisen, im Wohlthun
habe jeder Fürst das Recht, Despot zu seyn, und
gute Zwecke können die gewaltthätigsten Mittel heiligen; jene Zwecke widerstreben jenem gewaltthäti-
gen Mittel; niemand ist in der Überzeugung eines
andern frei, noch weniger glücklich. So lange das
Volk bei den mildesten Gesetzen seinen nothwendigen Verlust schmerzhaft empfindet, ohne seinen grössern Gewinn zu ahnden, so lang es sich ein weniger
begränztes Wohlseyn, einen Gewinn ohne Aufopfe-

rung träumt, hat es für sein gegenwärtiges Glück, und wär' es ein realisirtes Ideal, keinen Sinn und ist dann sogar unter einem guten König so unglücklich, als es die meisten Völker sind.

Überdies, wo bleibt der innere Respekt vor dem Gesetze, der zwar mit der Erkenntniss der Nothwendigkeit des Gesetzes noch lange nicht eins ist, aber doch ohne sie nicht existiren kann! Zugeschweige also, dass die Gesetze nicht glücklich machen; so werden sie nicht einmal executirt. Der Stärkere zerbricht öffentlich das Joch, das ihm, wie er glaubt, nur die Hand des Stärksten aufgelegt hat, ja er wirft die Last, die er selbst tragen soll, dem Schwächern auf die Schulter: dieser trägt doppelt, und verzweifelt unter den Gesetzen. Was aber die Stärke nicht wagen darf, versucht die List: das Volk untergräbt von innen seine eigne Schutzwehr, da es sie nicht bestürmen darf, ja es setzt wohl gar ein Verdienst auf die entschlossenste Kühnheit, oder die gewandteste Schlauheit, der es glückte, die Gesetze im Dunkeln zu übersteigen, oder unter ihnen hinwegzuschleichen. Dann wird selbst der bessere Bürger, aus Furcht, in den Augen seiner Nachbarn und Freunde der schlechtere Mensch zu seyn, — den ehrlichen Unwissenden spielen, und schweigen, wo ihm der Staat zur Pflicht macht, Ankläger zu seyn. *)

Zu welchen entehrenden Strafen wird sich endlich der gütigste Fürst gezwungen fühlen! Die Gesetzbücher werden auf allen Seiten mit Verlust des

---

*) Man erinnere sich hier unter andern an die Duell- und Defraudationsgesetze mancher Länder.

Vermögens, mit Beschimpfung des guten Namens, mit Ketten und Schwert, — und die menschenfreundliche Religion (die sich profanirt, wenn sie die Stütze am zerbrechlichen Gebäude des Staats seyn muss) wird mit dem Blitz eines ergrimmten Himmels und mit den ewigen Flammen einer Gott entehrenden Hölle drohn.

Wenn aber wirklich solche Strafen, solche Schreckbilder, wenn die knechtische Furcht das einzige wäre, was, — nicht glücklich machen! — nur dicht am Rande des Abgrunds vom gänzlichen Untergange mühsam zurückhalten kann; nun so müssten wir überhaupt an der Bestimmung des Menschen zur Vollkommenheit und Glückseligkeit, oder doch wenigstens zu einer bürgerlichen Vereinigung zweifeln. Soll der blinde Glaube hier sein Meisterwerk versuchen, und die Gesetze der Fürsten zu mittelbaren Gesetzen Gottes erheben, soll das Volk an einen unbedingten Gehorsam gegen infallible Vorsteher seines Verstandes von Jugend auf gewöhnt werden; soll es aufhören, seine angebohrne Rechte und seine Stärke nur zu ahnden, kurz, soll es an seinen Fürsten, wie das Ross an seinen Reiter, — an die Gesetze, wie das Ross an den Zügel, gewöhnt werden, — welch' eine Ehre für die menschliche Natur! Wir wären gerade um so viel schlechter als die Thiere, um so viel besser wir uns jetzt dünken.

Doch, welche Lästerung! Mir werde sie nicht zugerechnet; sie falle auf das sündige Haupt aller, welche zur Entschuldigung der grössten Abscheulichkeit, zur Schutzwehr aller Vorurtheile, und aller wirkenden aber verjährten Usurpationen, und um der Schläfrigkeit jedes wichtigen Hauptes ein sanftes Ruheküssen unterzulegen, — ohne Scham behaupten, dass auch hier die Theorie von der Praxis so ungeheuer abweiche, abweichen **musse** und ewig abweichen **werde**.

Nein, jene Erscheinung des höchsten **Unglücks** unter den beschäftigten Händen derer, die ewig von sich selbst sagen, dass sie an unsrer Glückseligkeit arbeiten, die Erscheinung der Gesetzlosigkeit unter Gesetzen, der tiefsten Sklaverei unter den vielverheissenden Conditionen der Freiheit, lassen sich gar wohl, wenn ich so sagen darf, aus der Theorie erklären, und nur durch diese Theorie, vervollständigt durch die viele mislungene Praxis, kann und soll die letzte sich bessern.

Jedes Gesetz, sogar das selbst gegebne, begränzt den natürlichen Freiheitssinn unsrer Triebe. Es ist daher durchweg eine **Kunst**, unter Gesetzen frei und glücklich zu seyn. Die Natur gab uns die nöthigen Talente zu dieser Kunst, aber weder sie allein, noch der blinde Zufall bildet diese Fähigkeiten aus. Durch ein Gesetz aber, das man sich nicht selbst giebt, das uns durch andre Mittel, als die Mittel der kalten Überzeugung aufgedrungen wird, erschwert man diese Kunst bis zum Unmöglichen.

Es ist gewiss: der Mensch muss von Jugend auf **nach** Gesetzen erzogen werden, wenn er für Gesetze erzogen wird *). Es ist gewiss, dass er die Ge-

---

*) Es wird sonst in der Regel angenommen: eine Kunst, die man in der Jugend nicht lernt, kann man im Alter nicht üben: und warlich werden wir bei allen andern Künsten noch mehr Ausnahmen finden, als von der Kunst der Tugend in allen ihren Theilen.

setze innerlich respectiren muss, wenn sie ihn nicht
unglücklich machen sollen; (was sie doch nicht sollen) es ist gewiss, dass zu diesem Respect zuvörderst
die kalte Überzeugung der Nothwendigkeit des Gesetzes gehöre, und dass alsdann diese Nothwendigkeit da, wo sie Unlust wirkt, durch die erhabne
Lust des wahren Stolzes allein den thätigen Willen
zu zwingen im Stande ist.

Hiebei nun, dünkt mich, können alle andern guten Einrichtungen, die von Staats wegen im Staate
getroffen werden, keine so wirksame Hülfe leisten,
als die öffentlichen Schulen, so wie die Schulen überhaupt. So eng immer der Wirkungskreis einer blossen Informationsanstalt in Rücksicht der moralischen
Bildung ihrer Lehrlinge seyn mag; so könnte doch
auch in diesem Kreise unweit mehr für jenen Zweck
gethan werden, als dies bis jetzt bei dem grössten
Theile, besonders bei den unglücklichen Landschulen der Fall ist *). Denn nichts *für* ihn thun,

---

*) Da ich der Meinung mich nicht erwehren kann,
dass die Tugend eine Kunst ist, so sehe ich besonders den Erzieher für einen moralischen Künstler an. So wenig auch immer ein blosser Lehrer
erziehen soll und kann, so kann er doch in diesem Wenigen Etwas thun. In dieser Hinsicht
lässt sich behaupten, dass auch der Dorfschulmeister zwar kein eigentlicher Gelehrter, aber ganz
gewiss ein guter moralischer Künstler seyn müsse.
Wahrscheinlich werden die jetzigen Schulmeisterseminarien die Bildung solcher Künstler zu ihrem
zweiten, wo nicht zu ihrem ersten Zweck haben.

Die Schule der niedrigsten Volksklasse hat, in
Betracht der Erziehung, für's Gesetz einerlei Ziel
mit der Schule der Kronprinzen, nur möchte in

ist hier schon eben so schlimm, als vieles *gegen*
ihn thun, und wer hier nicht sammelt, der zerstreut. -

Schon der Knabe muss unter Gesetzen stehn,
wenn der Jüngling sie nicht abwerfen, und wenn
der Mann sie achten soll. Dadurch, dass er ihre
Nützlichkeit (denn Nothwendigkeit will ich hier
noch nicht sagen) einsieht, werden sie seine
eignen.

Bei denjenigen Gesetzen, welchen er sich in
Betracht seiner Verbindung mit andern, in
der Stunde der Überzeugung unterwirft (und von
dieser Seite kann die Schule dem Ideal des Staates
mehr ähnen, als der wirkliche Staat selbst) mache
man ihn mit dem Grunde positiver Strafen bekannt.
(Der Staat als solcher kann nie strafen, um zu bessern, sondern um das gekränkte Recht schadlos zu
halten, oder um die Freiheit zu sichern, obgleich
diese Strafe auch Besserung wirken kann, doch
nur eine zweideutige Besserung. Die öffentliche
Schule soll auch aus keinem andern Grunde strafen.) Durch die Bekanntschaft mit diesen Gründen,
und

den ersten Generationen, wenn die Führer von
beiden gleich gut sind; wenn sie einen gleich grossen Wirkungskreis haben; wenn die Eltern und
Gespielen, Knechte und Mägde — bei den Zög-
lingen beider ohngefähr gleich viel verderben, der
Dorfschulmeister doch noch mehr Kunst anzuwen-
den haben, als der Prinzenhofmeister, in so fern
nämlich ein verbildeter Stolz noch eher die Stelle
des wahren ersetzen, oder in diesen umgewandelt werden kann; als ein zum thierischen Sklavensinn zertretner.

und durch die Annahme derselben in der Stunde der kalten Überzeugung werden dann auch diese Strafen, das eigne Gesetz des jungen Menschen. Auf diese Ehre, ihn von seiner eignen Überzeugung, von seinem eignen Gesetz abhängen zu lassen, mache man ihn aufmerksam; hierauf lenke man seinen Stolz. Er soll die Gesetze halten um seiner selbst willen, um in seinen eignen Augen sich nicht zu erniedrigen, und selbst das Dulden der Strafe, der er sich in dem Gesetze unterwarf, als Schadloshaltung, oder als Entkräftung des bösen Beispiels, sey ihm das einzige Mittel sich mit sich selbst zu versöhnen, und seinen Stolz zu retten. Er soll sich freuen in dem Gefühl der Kraft, die für die Überzeugung alles thut oder alles leidet, was um ihrentwillen zu thun oder zu leiden ist. Die Belohnung des erfüllten Gesetzes da, wo alle andern Triebe gegen die Erfüllung desselben streiten, sey die ausgezeichnete Achtung aller, die das Gesetz achten, aber durchaus keine andre, sie müsste denn aus gewissen Gründen im Gesetz selbst bestimmt seyn *).

(Man glaube doch ja nicht, dass die kalte Vorstellung des Nützlichen und Schädlichen schon hinreichend sey, die Handlungen des Menschen zu be-

---

*) Heut zu Tage wird unsre Jugend grösstentheils nur aus dem Grunde mit mehr Kenntnissen und Fertigkeiten bereichert, aus welchem man für dieses oder jenes Handwerk immer mehr geschickte und bequeme Instrumente erfindet, nämlich, damit auch sie bequeme und geschickte Instrumente für eine fremde Hand seyn mögen. Zur Behauptung und zum Genusse seiner eigenen Würde erzieht man die jungen Menschen nicht eben in gar vielen Erziehungsanstalten.

stimmen. Durch diese Vorstellung wird blos die Vernunft zu ihrem Gesetze bestimmt, nicht der thätige Wille der Sinnlichkeit. — Auch die lebhaften Bilder des Nutzens und Schadens, obgleich sie auf die Sinnlichkeit wirken können, sind, wie ich schon oben gezeigt habe, unsichre Mittel zum Zweck. Der Mensch handelt am sichersten, wenn seine Sinnlichkeit jeden fernen Zweck aus dem Auge verliert und blindlings der gegenwärtigen Lust des Stolzes folgt. Beim Ziel der Vernunft langen sie doch an, denn die Vernunft führt ja den Stolz an ihrer eignen Hand.)

Bei dieser Erziehung nach selbst gegebnen oder frei (d. h. durch den Weg der Überzeugung als den einzig rechtmässigen) angenommenen Gesetzen, gewinnt man zwar nicht, dass der junge Mensch ewig demselben Gesetze treu bleibt, weil er vielleicht seine Überzeugung ändert, weil ihm der Lehrer vielleicht seine eignen falschen Überzeugungen unterschob, aber man bringt ihn hier so hoch, als man ihn bringen kann, man bringt den Menschen zur Achtung gegen das Gesetz im Allgemeinen, oder, mit andern Worten, dazu, dass er die Überzeugung des ruhigen Verstandes und der kalten Vernunft auch in der heissen Stunde der Handlung respektirt. Die Respektirung des besten Gesetzes, das nicht durch unsre eigne Überzeugung, unser eignes Gesetz worden ist, tritt den Menschen nieder, und richtet nie aus, was sie ausrichten soll: der Stolz, der hier müsste tragen helfen, ist gelähmt. Daher ist sie durchaus niedriger und gefährlicher, als die Respektirung eines falschen Gesetzes, das man sich selbst giebt, zwar nicht, in so fern es falsch, sondern in so fern es ein Gesetz ist.

Falsche Überzeugungen lassen sich leichter corrigiren, als ein Wille, der gewohnt ist, nie von der Überzeugung, sondern vom augenblicklichen Eindruck abzuhängen. Wo der thätige Wille vermittelst des wahren Stolzes von der Überzeugung abhängt, da verbessert man sogleich jenen, indem man diese verbessert. Lasst uns nur so weit kommen; so hat es mit der Welt keine Noth.

Für einen jungen Menschen, der in den Staat als wahrer Mitbürger desselben tritt, wäre dann nichts weiter nöthig, als ihn mit den wesentlichsten Gesetzen des Staates, mit ihren beständigen Gründen, die in dem Begriff eines Staates liegen, mit ihren zufälligen, die in der äussern Lage, im Verhältniss mit andern Staaten, in seinem besondern Bedürfniss anzutreffen sind, und dann mit den besondern Pflichten und Rechten des gewählten Standes bekannt zu machen, und ihn auf sein Bekenntniss, dass diese Gesetze nothwendig wären, gleichsam für den Staat zu confirmiren.

Ist Euch das zu mühsam, Ihr, die Ihr hier helfen könnt, so gebt Eu'r Amt einem Bessern! Dünkt es Euch Chimäre; nun so haltet überhaupt für Chimäre, an dem Glück der Menschen zu arbeiten, so sprecht ja nicht, dass Ihr selbst daran arbeitet.

Die Fürsten arbeiten ja sogar mit ihren Heeren an unsrer Freiheit und unserm Wohlseyn, und lassen sich die tausend und aber tausend mislungnen Versuche, und das Blut, das sie dabei hingeben, nicht gereu'n; auch sie sind nur immer noch auf dem Wege zum Ziel, ringen nur noch nach der Vereinigung ihrer Theorie mit der Praxis, und würden also wohl auch besser daran thun, ihren

Zweck als Chimäre aufzugeben! O Ihr inconsequenten Menschen, was wollt Ihr thun, wenn Ihr nicht arbeiten wollt; was könnt Ihr arbeiten, das Euch nicht Mühe macht! Wenn die Erfinder in allen Künsten gedacht hätten, wie Ihr; so wohnten wir noch in Höhlen; so schwämmen wir noch auf Brettern über das Wasser; so ässen wir noch die Frucht, wie sie fällt!

(Q) Die Kindesliebe ist das Erste, wo der Mensch sein Interesse mit dem Interesse **anderer** (Vater und Mutter) verbindet; dann folget **Freundschaft, Ehestands- Heimats- Vaterlands- Liebe.** — Hiedurch kann man der Sinnlichkeit zu Hülfe kommen, und sie verbreiten zu der Harmonie mit jenem, sonst so schwerem Gesetze der Vernunft: **betrachte dich bei deinen Handlungen nicht als Ganzes, sondern als Theil des Ganzen** *)! und mit allem, was aus diesem Gesetze hergeleitet werden kann. (Doch soll eigentlich diese Bildung durch Liebe der Bildung durch Stolz untergeordnet seyn.)

---

*) Das soll nicht heissen: betrachte dich nur als Mittel, nicht als Zweck. — So eine Forderung wäre ohnstreitig unter der Würde des Menschen. Sie wäre vielleicht das Prinzip einer Moral für die Thiere, wenn diese sonst möglich wäre. —

Jeder Mensch soll sich zum Zweck seiner Handlungen machen, und dadurch allein erhält er ein vernünftiges Motiv zu seinen Handlungen. —

Vorausgesetzt, dass eine moralische Welt aus der gegenseitigen Einwirkung freier Wesen, als solcher, bestehe.

Der Dichter wünscht, dass Gott jedem Manne in seinem Vaterlande irgend etwas geben möge, welches er nicht, 180 Grade auf der Erdkugel weiter hinauf oder hinab, besser haben, oder doch in seinem Felleisen überall mit sich tragen könne; — und dass jedem sein ehrliches Eigenthum durch ehrliche Gesetze möge gesichert werden, — durch Gesetze, denen niemals hungert noch dürstet, denen die Kleider nicht alten, noch die Schuhe zerreissen, die in

Ferner, dass eine moralische Welt gut sey, dass im Allgemeinen ein freies — mit Bewusstseyn empfindendes und mit Absicht handelndes Wesen — in einer moralischen Welt, ohngeachtet der darin nothwendigen Begränzungen, dennoch bei weitem glücklicher seyn muss, als ausser derselben; dass es in dieser Verbindung, nach dem Maassstabe seiner Fähigkeiten und Grundtriebe an Werth und Dauer — intensiv und extensiv *mehr* geniessen kann, als wenn es sich von aller moralischen Einwirkung andrer losmachen, und mit sich allein für sich leben wollte.

So ist nun die Frage: welches sind die Gesetze dieser moralischen Welt, wenn sie, so viel es ihr Begriff zulässt, die besten seyn, d. h. wenn sie, bei den wenigstmöglichen Begränzungen, die grösstmögliche Glückseligkeit jedem Individuum gewähren, und als Verbindung, als Ganzes bestehen soll?

Dieses wären die Gesetze der moralischen Vollkommenheit oder der, nach dem Begriff einer moralischen Welt, theils begränzten, theils erweiterten Glückseligkeit des Einzelnen. Auch in dem höchsten Ideal einer moralischen Welt wird das Individuum sich als den Zweck seiner Handlungen ansehen können und ansehen müssen.

keinen Orden aufgenommen sind, und keine Seele
in der Welt Schwager oder Vetter heissen. — Kurz
der Dichter bittet: Gott wolle erstlich dafür sor-
gen, dass die Vaterlands-Liebe, die zuerst in An-
hänglichkeit an Vater und Mutter, — Zutraulichkeit
zu unsern Gespielen, die hernach unsre Nachbarn
werden, — beruhigendem Gewohntseyn an früh bekannten, traulichen Örtern u. s. w. besteht, dass
dieses, oder vielmehr alles, was künftig, zum Nu-
tzen einer wahren Vaterlandsliebe, hieraus erwach-
sen würde — durch kein trostloses Isolirtseyn, keinen Ausschluss von allen Herzens - Verbindungen,
noch durch Hunger und Blösse vor den Augen derer, die uns kennen, noch endlich durch die Ungerechtigkeit der vaterländischen Gesetze — möge ge-
schmälert werden.

Ferner aber wolle Gott auch etwas hinzu-
thun und die Herzen unsrer Jünglinge früh erwär-
men und begeistern durch die edlen und hohen
Thaten ihrer Vorfahren, vermittelst der feierlichen
und öffentlichen Achtung, welche das Volk dem
Andenken an ihre Verdienste bezeugt. Dazu gehören, ausser den öffentlichen Denkmälern, auch öffentliche Ehrenfeste, in welchen wir in der That
die Griechen und Römer zum Muster nehmen
sollten.

(R) Unter Religion, als Objekt, versteht der
Verfasser das vortrefflichste Produkt der dichterischen
Fähigkeiten des menschlichen Geistes, wodurch sich
der Mensch über die mitempfangne Begränzung seiner Natur und allen Übeln, die aus ihr folgen, so
gut zu trösten sucht, als er kann.

Wer nicht mit Lavatern im Ernst glaubet:
dass Gott determinirt und beschränkt sey;

wer vielmehr einsieht, dass die Vorstellung von einem Gott, der über das Böse zürnt, und sich über das Gute freut, d. h. der für das Gute und wider das Böse Leidenschaft fühlt, nicht in dem Vernunftbegriff vom allervollkommensten Wesen enthalten ist, sondern demselben widerspricht, — und dass jenes sinnlichkeitslose Wesen weder aus Liebe und Wohlgefallen belohnen, noch mit Zorn und Rache bestrafen kann, der wird vielleicht unserm geringen Dafürhalten beitreten. — — —

Die lyrische Täuschung eines andächtigen Gebets, in welchem wir mit jenem Wesen, das über alle unsre analogische Vorstellung erhaben ist, wie mit einem Menschen, in Worten, oder überhaupt in Zeichen reden, und wobei wir dasselbe entweder um etwas bitten, (gleichsam, als müssten wir ihm unser Bedürfniss erst bekannt machen, und als wollten wir sein väterliches Herz durch die kindliche Zutraulichkeit, durch die zärtliche Bitte unsers Gebets rühren u. s. w.) oder, worin wir ihn loben und preisen, (gleichsam als machte dieser lebhafte Ausdruck unsers Danks, unsrer Ergebenheit, unsrer Ehrfurcht — seinem Ehrgeitz Vergnügen!) — überhaupt jeder sogenannte Gottesdienst, wo wir, schon der ästhetischen Wahrheit wegen, bei unserm Gott ein Analogon von Sinnlichkeit, wenigstens die sogenannten untern Seelenkräfte voraussetzen müssen; so wie endlich diese vorgesetzte Vorstellung selbst *)—

---

*) Welches die Vorstellung der Religion ist, so bald sie ihre Lehren auf Verehrung Gottes, auf Rührung durch die schönen und erhabnen Eigenschaften desselben — (denn der ganz entsinnlichte

dies alles hat nur alsdann einen Werth für uns, wenn es durch sein Schönes und Erhabnes — gleich allem Schönen und Erhabnen in der Natur und Kunst — unsere feinere Sinnlichkeit reitzt, und unsere Empfindungen reiniget.

Die Religion muss nämlich die sinnlichen Vorstellungen von Gott nicht aufheben, sondern sie nur verfeinern, ausbilden und veredeln, sie muss hiebei die Vollkommenheit der Kunst zum Mittel, und den bestmöglichen Einfluss auf die moralische Bildung der Sinnlichkeit zum Zweck nehmen; und dann ist z. B. die menschliche Vorstellung von Gott, unter dem Bilde eines Vaters weit besser, als die, unter dem Bilde eines Königs, so wie, in einer andern Rücksicht, der wohleingerichtete, obgleich despotische, Himmel der Israeliten dem ungeordneten und verworrenen, obgleich republikanischen, Olymp der Griechen weit vorzuziehen ist *). Aber, bei allen Rührungen, auch

Vernunftbegriff vom höchsten Wesen enthält, als solcher, weder eine erhabne, noch schöne Eigenschaft; und verträgt sich nicht mit einer Verehrung Gottes) so wie auf Rührung durch das Grosse und Pathetische einer ewigen Seligkeit gründet, die mit unserm gegenwärtigen Leben in Verbindung steht. — Nur bei dieser Vorstellung hat unser Gottesdienst ästhetische Wahrheit.

*) Ich muss es wiederholen: der Begriff von einem übersinnlichen Gott kann schlechterdings keinen Einfluss auf unsre Sinnlichkeit haben; wir können durch diesen Begriff nicht gerührt werden. Wenn Schiller nur dies in seinen berühmten Göttern Griechenlands sagen wollte; so hat er allerdings recht.

der besten Religion, muss unsre Phantasie, und unser Herz so trunken werden, dass wir vergessen, dass unsre Vernunft jene sinnlichen Vorstellungen von Gott, aus moralischen Absichten, nur permittirt hat. ohne sie deswegen selbst für wahr zu halten und anzunehmen. —

Die Theologie aber gleicht jetzt, — wie mich dünkt, — einem hölzernen Baugerüste, welches man an einem hohen, alten, zerbrechlichen Kirchthurm mühsam hinaufführt, — nicht, wie es

Sonst aber (und dies wäre gegen jenes Gedicht, nicht als lyrisches, sondern als didaktisches, so wie gegen das Schöne und Gute in der ganzen Vorstellung der griechischen Götterschaft einzuwenden, oder doch zu erinnern) sonst, dünkt mich, — gleichet jenes Götterwesen einem grossen englischen Tanze von mächtig vielen Personen, grossen und kleinen untereinander, — dessen ganzes Gemälde vom Auge des Zuschauers nicht umfasst werden kann — (theils, weil das Ganze, im Verhältniss seiner kleinen Eintheilungen, zu gross ist, theils, weil die Bewegungen und Touren sich zu sehr in einander winden) wo also das Ganze ein buntes Schattenspiel ist und nur einzelne Gruppen ein schönes Bild geben können.

Der ganze Götterstaat der griechischen Religion macht weder ein gutes politisches, noch ein schönes ästhetisches Ganze.

Bei einigen einzelnen Vorstellungen, Bildern, und Geschichten dieser Mythologie gilt freilich das Gegentheil. Übrigens aber ist dieselbe nur eine gute Montirungskammer der Phantasie.

in der Ferne scheinen mag, um den Thurm zu stützen, oder ihn zu repariren, sondern um ihn desto bequemer abzutragen.

Es geht das Gerede, dass der ehrliche alte Thurm schon ein gut Stück tiefer abgetragen sey, als man nach der jetzigen Höhe des Gerüstes vermuthen sollte, und dass die erwerbsamen Arbeiter alle Tage hinaufsteigen, nur um das Gerüst zu legen und zu kehren, — — aber die allg. Litteratur-Zeitung hat noch bis jetzt, alles Nachfragens ungeachtet, die Wahrheit nicht herausbringen können.

(S) Dieses ganze Gedicht, mit allen seinen Erläuterungen, übergeb' ich hiemit nicht so wohl der Beurtheilung des Dichters, als vielmehr der Prüfung des philosophischen Erziehers. Wenn das, was ich hier im Allgemeinen über die Bildung der Sinnlichkeit zu moralischen Zwecken, oder über die freie Abhängigkeit derselben vom Willen der Vernunft gesagt habe, Wahrheit ist: so würde sich daraus manche fruchtbare Anwendung auf die Erziehung machen lassen. Ich werde diese Anwendung in dem zweiten oder dritten Bändchen dieser Sammlung mittheilen.

Hätten beim ersten Durchlesen die häufigen Anmerkungen die Aufmerksamkeit des Lesers zu sehr getheilt, und liesse sich daher über den Werth des Ganzen, besonders des Plans, ohne welchen alle einzelnen Gedanken theils den Schein des Unwahren haben, theils wirklich unwahr sind,— kein richtiges Urtheil fällen; so wünsch' ich, dass man beim einmaligen Durchlesen nicht stehen bliebe, so wie ich überhaupt wünschen muss, dass dies ganze Büchelchen von niemanden als eine Unterhaltung in müssigen Stunden möge angesehen werden. Mein Zweck könnte nur dann erreicht werden, wenn der Leser, indem er diese Blätter liest, sich für beschäftigt hält.

II.
ZWEIFEL und GLAUBE.

EIN MUSIKALISCHES GEDICHT.

Fides nec imperanda, nec probanda; — suadenda est.

Nur da, wo alles Wissen aufhört, und wo der Zweifel die Glückseligkeit, oder die Tugend des Menschen untergräbt, darf die Religion auftreten und ihren Glauben empfehlen.

Wer nie gezweifelt hat, hat auch das Bedürfniss des Glaubens nie gefühlt; wer nicht untersucht hat, in wie fern sein Zweifel für die Glückseligkeit und Tugend gefährlich ist, kann in seinem Glauben entweder zu wenig oder zu viel thun.

Der Glaube ist ein Bedürfniss unsrer innern Sinnlichkeit, unsrer Phantasie, und unsers Herzens, nicht unsrer Vernunft. In so fern der Zweifel weiter nichts ist, als das gründliche Wissen unsers Nichtwissens, die kalte Erkenntniss des Mangels aller Erfahrung, und unsers Unvermögens, über diese Gränzen mit Sicherheit hinaus zu gehen, interessirt er unsre Vernunft als Wahrheit; und sie begehrt nicht, dass er ihr genommen werde; sie müsste denn zugleich begehren, dass sich ihre Natur veräudre.

Aber wo die Phantasie, um bei traurigen Scenen des Lebens das zagende Herz zu beruhigen und aufzurichten, in der wirklichen Welt nach tröstenden Erscheinungen vergebens umhersucht, und sich gezwungen fühlt, den Mangel der Erfahrung durch selbstgeschaffne Bilder zu ergänzen; oder, wo bei diesem wahrgenommenen Mangel dem Herzen zugleich die so nöthigen sinnlichen Anlockungen zum Guten verschwinden; (ohne welche doch die Leidenschaft, trotz dem Gebote der Vernunft, uns immer von dem beschwerlichen Wege der Tugend abziehen wird *)) hier in diesem Übergange aus der Vernunft in die Sinnlichkeit, aus der Erkenntniss in das Gefühl, wird der Zweifel gefährlich. Jetzt wird die Religion unsern Dank verdienen, wenn sie unter jenen Bildern, mit welchen die Phantasie die Lücken unsers Wissens bedecken will, eine weise Wahl trifft, wenn sie uns hier für das Schöne und Erhabne, besonders aber für das Edle ge-

---

*) Ausgenommen die wenigen Menschen, welche vermittelst des wahren Stolzes ihr Herz der Vernunft unterthänig gemacht haben.

winnt, das Tröstende mit dem Warnenden klug zusammen stellt, und wenn sie, über die Gränzen der Erfahrung hinaus, uns ein sinnlich anlockendes Ziel aufsteckt, zu welchem der nächste Weg durch die Regionen der Tugend und Vollkommenheit führt.

Das Vermögen der Seele, in Augenblicken, wo es darauf ankömmt, diese Art von **heilsamer Täuschung**, in so fern die Vernunft den Werth und Einfluss derselben im Voraus geprüft und abgemessen hat, — für Wahrheit zu nehmen, oder sie doch als Wahrheit auf sich wirken zu lassen, ist das, was in dem folgenden Gedichte unter Glauben verstanden wird. Die Bilder jener oft wiederholten Täuschung, und die Empfindungen, welche dieselbe erweckt, reinigen unsre Phantasie und unser Herz. Mit den schönen und erhabnen Gemälden der Religion kontrastiren unangenehm die Bilder jedes niedern sinnlichen Vergnügens, — und die edeln Empfindungen, welche jene Bilder hervorbringen, machen eine widrige Dissonanz mit jedem unedlen Gefühl. Sind uns hernach auch jene Bilder nicht gegenwärtig, ja kann uns auch bei dem Genuss jener Täuschung der Gedanke nicht ganz verlassen, dass es Täuschung sey, womit wir uns über das Elend des Lebens und die Schrecken des Todes trösten wollen; so bleibt uns doch immer der reine Gewinn, unsre innre Sinnlichkeit gereinigt, ihr eine Stimmung gegeben zu haben, welche der Einwirkung der Moral auf unser Wollen und Thun so vortheilhaft ist *).

Als einen geringen Beitrag zu den ästhetischen Mitteln, durch welche der Glaube geübt und zu Fertigkeiten erhöht werden soll, wünsch' ich, dass man dieses Gedicht ansähe.

Es

---

*) Wenn ich hier oder dort den Glauben eine Täuschung nenne, so meine ich nicht, dass keine von allen Vorstellungen der Religion wahr ist, sondern dass wir bis jetzt nicht genugsamen Grund haben, sie für wahr zu halten. Sie sind vielleicht wahr, aber wir wissen es nicht. — Einst wird es gewiss besser mit uns stehn, besser, wenn auch nicht so, wie wir es uns vorstellen, oder wie es unsre Sinnlichkeit wünscht. — Ich merke hier beiläufig an, dass nicht bei jedem Menschen das Bedürfniss des Glaubens gleich gross ist. Eine feurige Phantasie, ein sehr reitzbares Herz ist, in der Regel, zum Glauben vorzüglich geschickt, und bedarf seiner auch am meisten.

Es ist zur musikalischen Aufführung als Cantate bestimmt, so ist es gedacht, empfunden und ausgedrückt. Der Componist, der sich seiner annimmt, kann ihm erst die hohe Lebhaftigkeit und die ganze ästhetische Kraft geben, ohne welche es seine Bestimmung niemals erreichen wird.

Die Kunstnamen, mit denen man die verschiedenen Glieder einer Cantate zu bezeichnen pflegte, und die ich hier gebraucht habe, sollen keine unabänderliche Vorschrift für den Componisten seyn. Sie zeigen nur unvorgreiflich an, in welchen Formen ich, bei Bearbeitung des Gedichts, den musikalischen Ausdruck desselben mir dachte *). Vielleicht ist hie und da eine neue Mischung verschiedner Arten möglich, die keinen Namen hat.

Überdies sind die hier üblichen Kunsttitel, in Betracht der bei ihnen vorausgesetzten Eintheilungsgründe, sehr

---

*) Ich wünsche daher, dass man sie beim Lesen ganz übersehe, und nicht durch kalte Titel die fortgehende Empfindung störe.

schwankend, und bedürfen, wenn sie nicht bei Texten gebraucht werden, die schon componirt sind, eine nähere Erklärung. Diese Erklärung habe ich dem Gedichte angeschlossen.

Psalmodie.

(Eine Stimme.)

Mensch, gebohren unter tausend Schmerzen,
  Kurz ist deine Lebenszeit!
Reich in Hoffnung, reicher noch in Wünschen,
  Aber dürftig, dürftig im Genuss.
O wie eilend geht dein Tag vorüber
  Wie der Frühlingsblume Tag.
Ach du fliehest gleich der Wolke Schatten,
  Und dein Ort ist nirgend.

(Chor.)

O wie eilend geht dein Tag vorüber
  Wie der Frühlingsblume Tag.
Ach du fliehest gleich der Wolke Schatten,
  Und dein Ort ist nirgend.

Recitativ.

Vernimmst du, Seele, was sie spricht, die Stimme
vergangner Zeit! Dort aus der finstern Kluft,
dort, wo der grauen Vorwelt Schaaren
versunken sind, spricht sie hinauf zu dir. —
Und tausendstimmig wiederholt die Nachwelt

den Schreckensruf. Sie hebt den schnellen Schritt
noch über halbbedeckte Gräber,
doch ahndet sie ihr Schicksal; ihre Blicke flehn
nach eines Retters Hand empor zum Himmel,
der seine Wolken nicht zerreisst.
Wohin du armer Mensch, du Sohn der Erde,
du, durch des Lebens ersten Hauch
dem Tode Eingeweihter, sprich, wohin
verbirgst du dich, dass jene Klagestimmen
dein Ohr nicht träfen? — — Ach
so weit du fliehen magst! — es rufen überall
die ausgeschickten Sinne, — rufet überall
aus deiner eignen Brust das Leben:

  O wie eilend geht dein Tag vorüber
   Wie der Frühlingsblume Tag!
  Ach du fliehest gleich der Wolke Schatten,
   Und dein Ort ist nirgend.

Schau rings umher! wo der Lebendige
sich eine Hütte baut, wird auch ein Grab gegraben.
Blick in dein Inneres! Sieh, des Lebens ganze Kraft
arbeitet, dich zu tödten,
und jeder Pulsschlag nagt an deinen Adern.
Macht selbst die Freude nicht
dein Herz und dein Gebein erzittern? — athmet nicht
die höchste W o n n e, wie die O h n m a c h t athmet?
und das E n t z ü c k e n? — gleich der T o d e s a n g s t
blickt es aus halbgebrochnen Augen!

C h o r.

O, wie bang ist meinem Geist, wie bange
Hier in diesem Leib des Todes, hier.

In des ofnen Grabes Welt! —
Wenn du kannst, zerreisse deine Ketten,
O du Freigebohrner! du Unsterblicher,
Auf, wenn du unsterblich bist, verachte
Dieser falschen Sinne trägen Dienst!
Steig empor in deiner eignen Kraft!
Lass mit ihren Gräbern die Vergangenheit
Hinter dir zurück, vergiss der Grüfte
Unter dir, und schwinge dich hinauf,
Schwinge dich hinauf zur unbewolkten Zukunft!

Arioso.

Ich werde seyn! die leicht entbundne Seele
Wird unverletzt den freien Fittig haben,
  Wenn schon der Tod in diesen Gliedern
                      kämpft,
Ein dumpfer Schmerz das Band der Sinne löset,
Und Lieb' und Freundschaft um mein Sterbelager
Mir einen ew'gen Abschied weinen!

Recitativ
(Mit Begleitung.)

Aus allen Gliedern schleicht
die milde Wärme des Lebens; —
aus allen Adern
eilen die bangen Pulse
hinauf zum Herzen. —
In langen Zügen athmet die gepresste Brust. — —

Dem halberloschnen Blick verwandeln sich
die traulichen Gestalten rings umher; —
zerbrochen schwimmen sie
auf eines ungewissen Lichtes Wellen
hinweg von ihm in eine trübe Dämm'rung.
Der Athem stockt, das Auge bricht!

Durchs wüste Ohr verlieret sich die Stimme
des lauten Weinens, wie ein leises Rauschen
aus fernen Quellen, — schwach, und immer
schwächer
hinab zum träumenden Bewusstseyn,
das schon vergebens ringt, aus seinem langen Schlummer zu erwachen.

Noch einmal wallt empor
des Lebens lang' verhalt'ne Flamme, —
sie wallt empor — und stirbt!
Und im Innern wird es still und finster,
und der letzte Funken ist erloschen!

Gesang
für zwei Stimmen.

Ich aber bin! Du meine Seele lebest,
Dein Aug' ist hell, dein Ohr ist unverletzt!
Du schenkst noch einen Blick den Trümmern deiner Hütte,
Hörst mitleidsvoll noch einen Ton der Klage, —
Der Himmel ruft, die Sterne winken dir;

(Gesegnet sey das mütterliche Land)
Du folgst dem höhern Rufe! —

Recitativ.
(Mit Begleitung.)

Ja, du wirst seyn,
wann die Verwesung über diese Glieder
im Grabe triumphirt;
wann in des Sarges Trümmern, des Gewandes Moder,
nun bald ein andrer Moder schläft!

Ja, du wirst seyn, geliebte Seele,
wann schon Jahrhunderte
in Fluten, oder unterird'schen Flammen
mein Grab zerstörten. — Dieser Leib
ist dann vielleicht, in wechselnder Gestalt,
schon tausendmal erschienen.

Oft waren fremde Wesen
in ihm geliebt und oft gehasst in ihm;
und sieh, jetzt trennen sich die letzten
zwei nachbarlichen Stäubchen seiner Asche.

Tutti.

Dann, Seele, wirst du noch seyn,
Wirst meine Seele noch seyn.
Dann, Gott, dann bin ich noch Ich!

Recitativ.

— Ach, dass ich dies so ganz nicht fühlen kann,
wie es mein banges Herz begehrt!
Und dass des Geistes Schwingen immer noch
die Endlichkeit in ihrer Kette hält! — —
O kenn ich mich denn anders, als in diesem Kleide
von Erde? — kenn ich, ach!
nicht diese Hülle nur — und diese Welt der
Hüllen?

Gesang.

Du, die du in mir wohnest,
Du Heimliche,
Mit der ich oft in stiller Dunkelheit
So traulich spreche, —
Du, die ich über alles liebe!
Du, die mich über alles wiederliebt!
O meine Seele, meine angebohrne Freundin! — —
Ja, deine leise Stimme
Vernehm' ich wohl durch meine Hütte wandeln,
Doch sucht umsonst mein Blick die rufende Ge-
stalt; —
Umsonst eröffn' ich meine Arme
Dich zu umfassen!
— O du mein tief verborgnes,
Mein wunderbares Ich,
Du Klagender, du bist es selbst,
Du rufst mit deiner eignen Stimme
Dir selber zu, verzweifelst dich zu finden,
Und hast dich nimmer noch gekannt.

Chor.

Nein, du hast dich nimmer,
Nimmer noch gekannt!
Arme, bange Seele.
In der eignen Hütte
Bist du dir ein Fremdling,
Weist nicht, wie du eingegangen.
Ach, und kennst deinen Ausgang
nicht.

Wechselgesang.

Erste Stimme.

Wirst du bleiben,
Wenn die Hülle
Niedersinkt?

Zweite Stimme.

Wirst du sinken
Mit der Hülle,
Staub zu Staub?

Erste Stimme.

Oder wenn du bleibest,
Freier Geist des Himmels,
Wirst du noch gedenken
Dieses Erdenlebens,
Dieser Stunden in der Zweifelsnacht?

Zweite Stimme.

Oder wenn du bleibest,
Hast du uns vergessen,
Bist du umgewandelt
In ein fremdes Wesen,
Das sich jetzo erst geschaffen wähnt?

Chor.

Furcht und Hoffnung, Zweifel und
Glaube,
Wie kämpft ihr in mir!
O ist das Bild des Erdenlebens
Dem jetzt erwachten Himmelsgeiste
Ein ganz vergessner Morgentraum;
So bin ich von mir selbst verlassen,
Ach, so erwacht für mich ein Frem-
der,
So ist es nicht mein Ich, was dann
unsterblich lebt.

Recitativ.

Du Gott der Weisheit, Gott der ew'gen Güte!
bei diesem heissen Durste nach
Unsterblichkeit, warum auch diese Zweifelsucht?
warum den immer regen Trieb des Geistes,
mehr zu erkennen, als er hier
erkennen soll und kann?

O könnt' ich nur auf einen Augenblick
hinüberschaun in jene Gegenden,

wo dieses Lebens Abendsonne,
indes sie hier im Nebel niedersinkt, —
als neue Morgensonne wieder aufgeht;
ach, könnt ich die Unsterblichkeit
auf ihrem Throne dort erkennen,
und ihrer neugebohrnen Kinder Glück
von ferne nur verstehn;
wie dürfte Furcht und Hoffnung in mir streiten;
wie sollte meine Seele leben,
wenn die gewünschte letzte Stunde schlägt?

Nein, von des Wissens allerhöchster Burg
erblick ich mit dem reinen Forscherauge
des Unbegeisterten,
erblick ich in den Nebellüften,
jenseit des Grabes, nichts — denn nur den Wieder-
    schein
des eignen Wunsches, der im Sonnenstrahle
des Erdenlebens seine Farben spielt.

Wie gerne glaubte diese Täuschung
mein banges Herz!
Doch, ach! mein Geist
verräth dem Herzen, dass es Täuschung ist.

Belastet von des Lebens Jammer,
dem Tode fern, — w ü n s c h ich den Tod! —
Er kömmt! und siehe, vor des frommen Wun-
    sches
E r f ü l l u n g bebt die ganze Seele.

Psalmodie.

Sind denn diese Zauberbande,
Die mich an das Leben binden,
Sind es, ach! nur meine Sklavenfesseln,
Du tyrannische Natur?

Hast du darum diese Bande
Um des Herzens zarte Nerven
Festgeschlungen, dass mein Herz zerreisse,
Wenn ich kühn die Ketten brechen will?

Soll ich lächeln, wenn die Geissel
Meines Schicksals mich verwundet,
Soll mich glücklich preisen, wenn sie meinen
        Nacken,
Ach, nur diese Fessel nicht zerschlägt?

Chor.

Ihr Todten in den Grüften,
Ihr Geister in des Himmels Sternen,
    Meine Väter, meine Brüder!
Rufet dem Zweifler die Antwort zu.

Solo.

Stumm sind die Grüfte der Todten,
    Und die Sterne
    Wandeln am Himmel dahin,
Gehen vorüber und schweigen.

Psalmodie.

Bin ich denn mir selber nicht gebohren?
Leb' ich nur zum Glücke fremder Wesen?
Wie die Blume für den Gärtner duftet,
Wie das Lamm sich für den Hirten nährt?
Fliessen meiner Wonne Thränen,
Tönet meines Kummers Klage,
Kämpft die Tugend mit dem Schicksal,
Ringt mein Glaube mit der Todesangst, — —
Nur ein Schauspiel unbekannten Augen,
Die vielleicht von jenen Sternenhöhn,
Sich zur Lust, auf mich herniederblicken?

Chor.

Ihr Todten in den Grüften,
Ihr Geister in des Himmels Sternen,
Meine Väter, meine Brüder!
Rufet dem Zweifler die Antwort zu.

Solo.

Stumm sind die Grüfte der Todten,
Und die Sterne-
Wandeln am Himmel dahin,
Gehen vorüber und schweigen!

Tutti.

O du mein Gott,
Mein Gott, mein Schöpfer!

Erbarme dich der Seele des Gequäl-
    ten!
Erlöse mich von diesem bangen Zwei-
    fel,
Es sey durch Wahrheit, sey durch Irr-
    thum,
Erlöse mich!

Arie.

Dieser Angst dahingegeben,
Gott, wie kann dein Mensch dich lieben?
Welch ein Loblied forderst du
Von der Seele des Gequälten?
   Von diesem Zweifel angefallen,
   Sinkt meines Lebens Glück in Trümmern,
   Ich fliehe dieser Sonne Licht.
   Die Pracht an deinem ew'gen Himmel,
   Die Anmuth jeder Frühlingserde
   Verspotteh meinen Lebenslauf!
   Ach, alle Blumen meiner Wonne,
   Ihr blühet auf bedeckten Grähern; —
   Die ganze Schöpfung wird ein Grab.

Zwei Stimmen.

Hinweg, hinweg mit allem Heil der Welt,
Auch was die Herzen selbst der Edlen fesselt,
Der Freundschaft Glück, der Liebe Seligkeit! — —
   Von euch gehalten, müsst' im Todeskampf
   Die halbzerrissne Seele länger zagen!

Tutti.

O du mein Gott,
Mein Gott, mein Schöpfer,
Erbarme dich der Seele des Gequälten!
Erlöse mich von diesem bangen Zweifel,
Es sey durch Wahrheit, sey durch Irrthum,
Erlöse mich!

(Pause aller Instrumente.)

Solo Adagio.

Erlöse deines Kindes Seele,
Du, den ich Vater nennen, den ich lieben soll!
Du, den ich lieben will in jeder Qual des Lebens,
So lange dieses Herz empfindet (seine letzte
Empfindung, wenn es bricht, wird diese Liebe
seyn!).
Erbarme dich des Schwachen, ende diesen Kampf,
Den Kampf der Prüfung, dieses Ringen
Mit Furcht und Hoffnung, diese Todesangst,
Die durch ein ganzes Leben währt.

Choral.

Nimm, o Vater, nimm dem Geist das Auge
Zu erkennen, wo er selbst sich täuscht!

Täusche mich mit meinem eignen Wunsche,
Bis ich dort die Wahrheit selbst um-
arme
Gott der Gnade, täusche, täusche
mich!

Recitativ.

O, hört es, Brüder, hört es, Mitgefährten,
durch dieses Hoffnungsland! —
es ist der Erden-Weisheit höchste Tugend,
den allzustolzen, allzukühnen Sinn
des Menschen-Geistes mit der Ohnmacht
hinfälliger Naturen auszusöhnen!
In traulichem Verein mit der Nothwendigkeit,
ruft sie uns warnend zu:
» das Schicksal herrschet unumschränkt;
» ihr aber sollt im Herrschen nicht,
» im Dienen sollt ihr glücklich seyn.
» Leicht zu zerreissen ist die Kette, die euch
bindet,
» doch, — seyd ihr frei, wenn sie zerrissen ist? —
» Ihr zweifelt! — O geniesset dann, geniesset,
» was euch die Gegenwart mit milden Händen
beut,
» und hoffet von der Zukunft, was ihr wünschet.

— » Schön ist des Menschen Heldenmuth
» im raschen Kampfe mit dem Eigenwillen
» der Möglichkeit:

» schön

» schön ist Geduld in Fesseln,
» die Gottes Hand allein uns lösen will.

Choral.

Jetzt vergönn ich euch des Glaubens
Becher,
Leert ihn aus, und seht um euren Ker-
ker
Die Gefilde künft'ger Freiheit
blühn.
Hofft ihr falsch; — ihr habet nicht ver-
lohren,
Euren Himmel habt ihr hier genossen, —
Der gekränkten Hoffnung Thräne
Fliesset ja im stillen Grabe nicht.

Doch, wenn jenseit dieser Schrek-
kens-Höhle
Ihr die Göttin an den Busen drücket,
Deren Bildniss eure Sehnsucht küsst;
O, so bringt in euren Jubelliedern,
Bringet Dank dem schönen Traum des
Glaubens!
Seine Bilder stimmten eure Seele
Zum Erwachen in der bessern Welt.

Recitativ.

So fall ich denn getrost in deine Arme,
Religion! Mein ganzes Erdenglück,

mein ewig Heil vertrau ich deiner Hand!
Ich bin ein Mensch, und meine Seele wünschet,
mit dieser Menschheit, ihrer Busenfreundin,
der traulichen Gefährtin ihres Erdenlebens,
zu jenes Himmels Wonnen einzugehn!
O führe mich zu jenem Gotte,
der an Gestalt mein Bruder ist!

(Mit Begleitung.)

Ich seh' ihn hier im Thal der Menschheit wallen,
er fühlet meinen Schmerz, kennt meine Freude!
er klagt, er ringt dem Tod entgegen;
er stirbt, wie ich, und sieh', er aufersteht,
wie ich einst auferstehen werde! —
Dort liegt die Trümmer des besiegten Grabes,
dort hebet sich die lichte Wolke,
die ihn gen Himmel trägt!
In diesen Wolken wird er wieder kommen,
wann nun der zweiten Schöpfung Tag beginnt;
in allen Grüften wühlet Leben,
verherrlichte Gestalten steigen
aus den Verwesungen empor!
Ich find auch mich im frölichen Getümmel
von diesen jubelvollen Schaaren!
Leicht heben sich die neugeschaffnen Glieder,
durch meine Nerven strömet Jugendkraft;
und das Gefühl der Unvergänglichkeit,
der ew'gen Stärke — Meere von Entzücken,
sie wallen leicht dahin durch meine Seele!
Ich kenne mich, und weis, dass ich unsterblich
  bin.

Wechselgesang.

Erste Stimme.

In des Grabes stiller Kammer
Ist der kranke Leib genesen;
Ruhig war des Müden Schlaf,
Ohne Schmerz und ohne Traum.
    Ihm entflohen tausend Jahre
Schnell wie eine Nacht.

Zweite Stimme.

Ihren Gott in neuen Welten,
Neuen Wundern anzubeten,
Hob die Seele ihren Flug
Zu des Himmels Sonnenheer.
    Ihr entflohen tausend Jahre,
Schneller wie ein Tag.

Erste Stimme.

Und nach wenig Nächten,

Zweite Stimme.

Und nach wenig Tagen,

Erste Stimme.

Ging aus seiner Ruhekammer,
Nun genesen, nun verschönet,
Dieser Leib hervor.

Zweite Stimme.

Eilte von des Himmels Sternen,
Neues Glück mit ihm zu theilen,
Ihrem Freund die Freundin zu.

Recitativ.

Sie hat ihn immer geliebt!
Und an der Stätte, wo sie einst sich trennten,
vereinen sich beide
zu einem unsterblichen Glück,
zu einer Liebe sonder Trennung.

Chor.

Ewig ist die neue Schöpfung,
Ewig dieser Bund!

Recitativ.

Unzählbar sind die Heere
der Auferstandenen!
Und von den Himmelswolken segnet Jesus Christus
seine Brüder; segnet sie
mit einem Wort der Liebe, —
und mit einem Wort der Allmacht
segnet der Vater
den schönen Bund des neuen Lebens.

Chor.

Ewig ist die neue Schöpfung,
Ewig dieser Bund!

Recitativ.

Die Erde verwandelt sich
unter dem schwebenden Fuss der Auferstandnen!

Gesang.*)

O ihr Haine des neuen Paradieses,
Schöne Fluren der ewig jungen Erde,
Hier ist der Himmel,
Hier die Wohnung der Seligen.
Auf diesen Blumen wallt die Unschuld,
In diesen Lauben soll die Liebe wohnen,
Hier blühen Kränze für das Haupt
Der unbelohnten Tugend! Diese Thäler
Besucht ein Engelchor, auf jenen Höhn
Erscheinet sichtbar Gottes Herrlichkeit.
Dann wallen seine Kinder, meine Brüder,
Dann wallen wir hinauf, zu traulichen Gesprä-
    chen
Mit unserm ew'gen Vater, wie einst Abraham
Zu seinem Gott, zu seinem Freunde,
Bei milden Sommernächten,

---

*) Abwechselnd für zwei, drei und vier Stimmen.

Tief in des Haines Schatten
Hinauf zu heiligen Bergen stieg.

Theils Arie, theils Ariose.

Ja, der Tod ist nur ein Gang zum Leben,
Nur ein Gang zum Vater hin!
  Brüder, die ihr ausgesendet
  Hier in dieses Land der Bildung,
  Euch zerstreutet, euch verkanntet,
  Eurer Brüderschaft vergasset, —
  Seht, belehrend wird des Vaters Hand,
  Uns zurück an unsre Schöpfung führen,
  Und im Staube lieget dann der Staub! —
  Doch nicht lange! — Jene Hand der Liebe
  Hebet bald die schon belehrten Kinder
  Von der Erde wiederum empor! —
»Weiser jetzt durch eure Schwachheit,
»Glücklicher durch eure Leiden,
»Gehet ein zu einem ew'gen Leben. —
»Die ihr brüderlich euch liebet,
»Kinder, geht zu eurem Erbtheil ein!«

Chor.

Selig alle, die auf Erden
Dieser frohen Hoffnung leben!
Selig, selig sind die Todten,
Die in dieser Hoffnung sterben!
Triumph, dem Glauben, der an offner
  Gruft

Des Lebens letzten Freudenbecher
    Mit frohem Muthe leert!
Triumph der Tugend, die vor ihrem
            Glück,
Vor der Unsterblichkeit nicht zittert,
Und ihren Richter lieben darf!

Man erlaube mir, in Hinsicht auf musikalische Behandlung, einen kurzen Durchgang des vorhergehenden Gedichts, oder vielmehr nur Anmerkungen zu einigen Stellen desselben, besonders solchen, wo es dem Componisten nicht unangenehm seyn kann, die unmaassgebliche Meinung des Dichters zu hören, wenn sie auch den musikalischen Laien verrathen sollte.

Das Gedicht hat drei Haupttheile. Der erste geht bis an das Recitativ: O dass ich dies so ganz nicht fühlen kann, — und der andere, bis an die zweite Wiederholung des Tuttis: O du mein Gott, mein Gott, mein Schöpfer, oder auch bis an das Solo Adagio: Erlöse deines Kindes Seele. Der erste ist Einleitung, ist gleichsam Aufforderung zum Streit, — im zweiten wird dieser Streit geführt, und im dritten wird er entschieden.

Die musikalische Behandlung des zweiten wird, wie mich dünkt, dem Componisten die meiste Mühe machen. Es ist ein Gehen und Wiederkommen, ein Siegen und Besiegtwerden derselben Ideen, die sich bald so, bald anders ordnen. Gewisse Zuhörer, die nur **hören können**, was sie hören, und die, ohne einen Sinn fürs Ganze, sich nicht darauf verstehen, jedes einzelne Stück einer grossen Composition nach seiner Stelle und seinem Zusammenhange zu würdigen, werden in diesem Theile schwerlich von der Langenweile zu befreien seyn.

Die Cantate fängt mit einer Strophe an, welche den Leser an den Ausruf Hiobs erinnern wird: der Mensch, gebohren vom Weibe, lebt eine kurze Zeit u. s. w. *). Die langsame, eintönige,

---

*) Man erinnert sich vielleicht auch an die vortrefliche Ausführung dieses Spruches in dem bekannten Gedicht von *Claudius:* **Empfangen und genähret vom Weibe wunderbar**‒. *Schulz* hat sie in **psalmodischer Manier** componirt, und sie erregt in dieser Form, wenigstens bei mir, eine so grosse Bangigkeit, dass ich wünsche, unmittelbar darauf irgend eine Hymne auf die Unsterblichkeit, auch von *Schulz* componirt, oder *Schillers* **Lied an die Freude** zu hören. Überhaupt scheint mir die psalmodische Weise eine ästhetische Dissonanz zu seyn, die schlechterdings

mystische Weise einer Psalmodie würde
dem Ernste des Inhalts entsprechen, und
zugleich die Stimme der Vorzeit lebhafter
bezeichnen, die hier spricht. — Das
folgende Recitativ müsste langsamen und
ernsten Gang beibehalten. Erst hinter
der zweiten Wiederholung: O wie eilend geht dein Tag vorüber,
dürfte es mit Lebhaftigkeit bis zum Chor
fortgehen. — Ich weis nicht, ob ich
mich deutlich genug ausdrücke, wenn ich
sage, dass ein fugenähnliches Gewühl
von weichen Tönen der Empfindung des
Chors und selbst der Versification entsprechen würde. Grosse Heftigkeit oder
Wildheit im Ausdrucke würde auch hier
noch am unrechten Orte seyn.

Das Arioso: Ich werde seyn,
verliert sich ohne lange Einleitung in das
Recitativ mit Accompagnement: Aus
allen Gliedern schleicht die milde Wärme des Lebens. Hier mahlt
die Seele das Bild des Sterbens sich selbst,
ihrer eignen Betrachtung vor, und hier
mag auch die Musik jeden einzelnen Zug

einer Auflösung bedarf. Um so mehr passt sie
dann zu jenem Bilde des Claudius, welches,
wenn ich so sagen darf, eine moralische Dissonanz ist, und seyn soll.

ausmahlen. Mit jedem Absatz endet sich ein besonderes Gemälde. Der achtfüssige Vers: das **schon vergebens rings aus seinem langen Schlummer zu erwachen**, so wie die Abweichung von Jamben und Trochäen bei den zwei letzten Versen des Recitativs, sind kein Versehen.

Die Überschrift: Gesang für zwei Stimmen, soll andeuten, dass diese Stelle sowohl durch mehrere Besetzung (es sey von Instrumenten oder Stimmen) verstärkt, und dann auch mehr gesungen als recitirt werden soll.

Das Tutti: **Dann Seele wirst du noch seyn,** — verlangt vielleicht eine mehrmalige, doch abwechselnde Wiederholung. **Jubel** darf, wie man aus dem Folgenden sehen wird, der Ton desselben nicht seyn. Es enthält eine erzwungne Freude, durch deren *wilden* Ausdruck die Seele sich selbst täuben will: denn alle ihre bisher angestellten Betrachtungen sollten sie eigentlich zu einem ganz andern Ausrufe führen!

Der Übergang in das folgende Recitativ: **Ach, dass ich dies so ganz** nicht fühlen kann, würde ohne diese Voraussetzung sehr unwahr seyn.

Es fehlt hier freilich auf jeden Fall ein Zwischengefühl, obgleich keine Zwischenidee. Mitten in der Anstrengung der Seele, sich über sich selbst zu erheben, und, da sie eben, beim angehenden Kampfe, sich durch ihr eignes Siegesgeschrei muthiger machen will, um hiedurch den Sieg erst zu gewinnen, — dringt das Gefühl ihres Unvermögens mit Macht auf sie ein, sie fühlt sich erschöpft, sie fühlt um so mehr, wie schwach sie ist, je stärker sie sich anstrengte, ihre Schwachheit zu besiegen. Dieses plötzliche Entkräften durch Anstrengung lässt sich in der Sprache höchstens nur beschreiben, nicht ausdrücken, und diese Beschreibung wäre in dem Munde der lyrischen Person etwas sehr Unwahres. Vorbereiten müsste man freilich auf diese Erscheinung, und es ist die Frage, ob dies nicht in dem ganzen ersten Theil der Cantate geschehen ist. Ich blicke hier wieder zurück auf das, was ich vom Ausdrucke des Tuttis gesagt habe. — Lyrisch natürlich würd' es seyn, wenn die Musik, anstatt in einer besondern Einleitung in das Recitativ jene Lücke auszufüllen, dieselbe durch einen ungewöhnlichen Übergang aus einer Tonart in die andre bezeichnete. Keinem Zuhörer, der bisher mitempfunden hat, könnte dies unverständlich seyn.

Klagend, in dem Tone der Entkräftung und einer schon geahndeten Täuschung, finge dann dieses Recitativ an; nur bei der Stelle: **O kenn ich mich dann anders** — erhöb es sich, und ginge dann in den mehr jammernden als klagenden Gesang über: **Du, die du in mir wohnest.** In diesem Gesange spricht die Seele mit sich selbst, als mit einem von ihr ganz verschiednen Wesen, das sie eben deswegen nicht finden kann, weil es ausser ihr ist. Aber mit dem Verse — **O du mein tief verborgnes, mein wunderbares Ich,** überrascht sie der grausenhafte Gedanke, dass sie sich selbst suche. Die ersten Verse würden den melodischen Ausdruck klagender Zärtlichkeit annehmen können, oder den Ton eines Jammernden, der mit seinem Unglück schon bekannt ist, und, in einem rührenden Mitleiden gegen sich selbst, die eigne Noth sich vorerzählt. Der Gesang müsste diese Stelle gleichsam hinweinen. Bei der letzten Stelle aber verwandelt sich dieser Ausdruck plötzlich in thränloses Erschrecken. Der Chor geht hier im Ausdruck der Angst nicht weiter, sondern zurück, er fällt wieder in den Ton des Jammernden. Die Seele erkennt den Gedanken, der sie erschreckte, als einen, den sie schon oft gedacht hat. Sie klagt wieder über ein trauriges Schicksal, mit dem sie schon **bekannt ist.** Dann nur ist es nicht unnatürlich, wenn das folgende **Duett** zu dem Tone einer zärtlichen Bekümmerniss hinabsteigt. Diese Bekümmerniss wechselt mit einer zunehmenden Bangigkeit. Die erste Stimme würde **dieses,** die zweite **jenes** Gefühl auszudrücken haben. —

Volle Angst spricht in dem folgenden Chor: **Furcht und Hoffnung, Zweifel und Glaube.** — Diese Angst steigt schnell, und die letzte Zeile: **So ist es nicht mein Ich, was dann unsterblich lobt** — gränzt an Verzweiflung.

Auch hier tritt nun, nach zu heftiger Anstrengung, Ermattung ein. Im schwächern Ton der Angst, und als ein Gebet, fängt das folgende Recitativ an. Fragend und antwortend, wünschend und ahndend, mit immer wechselnder Empfindung, geht die Seele mit sich selbst über sich zu Rathe. Was sie ahndet, ist schrecklich. Die Gedanken dieses Recitativs sind an sich nichts weniger als musikalisch, aber das Interesse, welches das Herz an ihnen nimmt und das Lyrische des Ausdrucks macht sie dazu. Die Musik hat hier grösstentheils nur die Form, nicht den Inhalt zu begleiten.

Das Recitativ verwandelt sich in eine Psalmodie, und die Seele drückt ihre Ahndung in Gestalt einer unbeantworteten Frage aus: Sind denn diese Zauberbande. — Die psalmodische Weise kann dem lyrischen Charakter dieser Stelle sich am genausten anfügen. Sie kann das Bange, Unsichre, Ahndende und selbst das Unvollendete der unbeantworteten Frage, die doch auf Antwort wartet, am besten nachahmen, und sie wird mit dem lebhaftern Ausdruck des zweimal einfallenden Chors: Ihr Todten in den Grüften — und mit dem sich anschliessenden Tutti: O du mein Gott, mein Gott, mein Schöpfer — einen hier sehr natürlichen, und zugleich sehr wirksamen Contrast machen. Der

Schluss des **Tuttis** verlangt Wiederholung, und wenn die Worte: **Erlöse mich**, beim erstenmale als heftige Forderung ausgedrückt werden, so müssen sie sich zuletzt in eine Bitte, in ein Flehen verwandeln.

Nicht im Ton der Verzweiflung, sondern wieder klagend und jammernd, steigt die *Arie*: **Dieser Angst dahingegeben** — zum sanften **Adagio** hinab. Auch der folgende zweistimmige Gesang fängt zwar wild und stürmend an, doch seine zwei letzten Zeilen verlangen, wenn das Gedicht hier nicht aufhören, und das noch Übrige eine lyrische Unwahrheit werden soll, den Ausdruck einer schon bis zum Weinen entkräfteten Verzweiflung.

Mit dem nun zum zweitenmale einfallenden **Tutti** bricht die Empfindung. Man müsste es dem vielleicht mehrmals wiederholten Schlusse: **Erlöse mich**, — anhören können, dass die Seele ermattet ist: das Accompagnement verliere sich nach und nach, wie ein Seufzer verfliesst.

Spuren eines allmähligen Erholens bezeichnen das **Solo Adagio**. Den Dekla-

Deklamator würde ich bitten, diese Stelle mit oft unterbrochnem Athem zu lesen, doch freilich, ohne dadurch unangenehm zu werden. Vielleicht dürften die kurzen Pausen am besten nach folgenden Abschnitten anzubringen seyn.

Erlöse deines Kindes Seele — du — den ich Vater nennen — den ich lieben *soll* — du — den ich lieben *will* in jeder Qual des Lebens — so lange dieses Herz empfindet — seine letzte Empfindung, wenn es bricht, soll diese Liebe seyn! — Erbarme dich — und ende diesen Kampf — den Kampf der Prüfung — diese Todesangst, — die durch mein ganzes Leben währt.

Der Choral: Nimm, o Vater, nimm dem Geist das Auge — der den Ton eines sanften Gebetes hat, macht den Übergang in das betrachtende und warnende Recitativ: O hört es, Brüder — mit welchem die Seele in den Zustand ihrer Besonnenheit zurückkehrt, — doch nur, um sich mit allen ihren Empfindungen den schönen Bildern der Religion, und der glücklichen Täuschung des Glaubens freiwillig hinzugeben.

Trost, Hoffnung, Freude und Entzücken wechseln in diesem Theile der Cantate.

Als **Choral**, doch nur von zwei Stimmen gesungen, dachte ich mir die beiden gleichmetrischen Strophen: **Jetzt vergönn' ich euch des Glaubens Becher** — und: **Doch, wenn jenseit jener Schreckenshöhle** u. s. w.

Ich breche hier ab. Das, was ich über die musikalische Behandlung der folgenden Stücke sagen könnte, liegt im Titel derselben deutlich genug, und hier befürchte ich kein Misverständniss.

Nur noch dies! In den Versen, welche überschrieben sind: **Theils Arie,** theils Arioso — stellte ich mir die beiden Zeilen: Nein, der Tod ist nur ein Gang zum Leben, Nur ein Gang zum Vater hin! als Arie vor; sie verlangen, meiner Meinung nach, eine leichte Wiederholung. Die folgenden vier passen vielleicht zur simplern Weise des Arioso. Mit dem Verse: Seht, belehrend wird des Vaters Hand — erhebt sich der Gesang wieder bis zur Arie, und endet dann in der Stelle: Weiser jetzt durch eure Schwachheit — von neuem in einem Arioso.

Langsam und pathetisch, gleichsam mit zugezählten Tönen, vielleicht auch ohne Instrumental-Begleitung, hebt der Schluss-Chor an; steigt aber bei der letzten Hälfte: Triumph dem Glauben, — mit Begleitung aller Instrumente, zu dem höchsten Jubel hinauf.

Alles, was ich hier angemerkt habe, insofern es ganz allein die Musik betrifft, unterwerf ich der bessern Einsicht jedes Kenners dieser Kunst. Ich mag manches gesagt haben, was nicht sowohl den Componisten, als den Sänger angeht; — das Meiste enthält Winke auch für den guten Vorleser.

III.

REDE

AUF DEN KÖNIG

FRIEDRICH WILHELM II.

GEHALTEN IN DER SCHULE ZU NEUFAHRWASSER

AM

GEBURTSTAGE DES KÖNIGES 1790 *).

> Nullum est praestabilius et pulchrius
> Dei munus erga mortales, quam pastus et
> sanctus et Deo simillimus princeps.
> *Plinius.*

---

*) Ich bitte, beim Lesen dieser Rede, das Jahr nicht zu vergessen, in dem sie gehalten wurde: seit Kurzem haben viele Dinge eine ganz andre Gestalt gewonnen.

Wer sich beim Durchlesen dieser Rede
— ganz wie von ohngefähr, — an die In-
trade eines gewissen erzählenden Gedichts
von Wieland erinnert, welche sich, wo
ich nicht irre, also anfängt:

»Regiert, — darin stimmt alles überein, —
»Regiert muss einmal schon die liebe Mensch-
heit seyn!
»Allein, quo jure, und von wem? u. s. w.

der wird, — ganz wie von ohngefähr —
den Gesichtspunkt gefunden haben, in
welchen der Verfasser, wenn es angin-
ge — jeden seiner Leser stellen möchte.

Von hieraus wird man finden, warum
die Farbe des Styls hie und da abweicht,
oder warum diese Rede nicht durchweg
in einer feierlichen Diktion geschrieben
ist, und geschrieben werden konnte. —
Sie hat ganz das Schicksal politischer Reiche: sie erhebt sich, um sinken zu können; und sie sinkt, um sich wieder zu

erheben. Man wundre sich nicht über ihre Länge; sie war beinah um ein Drittel kürzer, da sie gehalten wurde. — Die Anmerkungen wurden auch nicht mitgesprochen. — —

Verehrungswürdige,
Höchst - und Hochzuverehrende Anwe-
sende!

Wir feiern heute den Geburtstag unsers erhabenen Königes, unsers allgeliebten Landesvaters. — Es wäre überflüssig, und es würde meine Kräfte übersteigen, wenn ich hier auftreten wollte, die stillen Verdienste dieses Regenten um das Wohl seines Reiches und jetzt vielleicht um die Ruhe des ganzen Europa's nach ihrer wahren Gestalt zu schildern, und ihnen dann, den vereinigten Maassstab der Politik und des Naturrechts in der Hand, ein kenntnissvolles Lob zu ertheilen. — Nein, ich stehe hier vor einer Versammlung, in welcher so viele, schon ihres Standes und ihres Geschäfts wegen, theils die glückliche Gelegenheit, theils die ehrenvolle Pflicht haben, tiefer einzudringen in den immer menschenfreundlichen, oft aber sehr verborgnen Geist jedes landesväterlichen Gesetzes, jedes Befehls, jedes Urtheils, welche die Weisheit, besonders aber die seltene Herzensgüte unsers Monarchen, bald erneut, bald verändert, — bald gegeben, bald widerrufen hat: — alles, um durch mannigfaltige Versuche, oft gar durch gegen einander wirkende Arzneien den letzten Grund aller etwanigen Krankheiten des Staates aufzufinden, oder auch im voraus zu entdecken, wie viel die Natur dieses wichtigen Kranken, an religiösen, ökonomischen und militärischen Kräften, noch zuzusetzen habe!

Die meisten unter diesen verehrungswürdigen Anwesenden können aus reiflich erwognen Gründen ü b e r z e u g e n d d a r t h u n, was ich, mit so vielen meiner Brüder im Vaterlande, als ein politischer Laie, nur von Herzen *glaube*: dass Friedrich Wilhelm, der Seltene, aus wahrem philosophischen, oder, wenn man lieber will, aus wahrem Geiste des Christenthums, so edel ist, *das* wirklich zu seyn, was jeder Fürst seyn sollte, — der reichste und mächtigste Patriot, der erste und erhabenste Diener des Vaterlandes, — ein Fürst, dessen friedliche Bürgertugend die zänkischen

Heldenverdienste von tausend berühmten Monarchen weit hinter sich lässt.

Nur die Ehre des Vaterlandes (so sagen die Weisen unsrer Nation, und wir, — obwohl es nur für uns ein Verdienst, und überdies ein sehr zweideutiges Verdienst ist — wir sagen es willig ihnen nach) — nur die Ehre des Vaterlandes ist Friedrich Wilhelms Ehre, nur der Ruhm seiner Nation ist der seinige, nur die Glückseligkeit des Ihm anvertrauten Volkes nennt er das Glück seiner Regierung!

Wie sehr hasst Er den Wahn stolzer, aber nicht weiser Fürsten, die nicht nur das Land, über welches sie herrschen, nein, auch die Güter, die Kräfte und das Leben der Menschen dieses Landes für ihr erbliches Eigenthum halten, und so ihre eigene Menschenwürde in den Gliedern ihres Volkes entehren, und ihn ihrem Fürstenstolz aufopfern.

Nein, Friedrich Wilhelm weis es mit Überzeugung, dass die Bestimmung des geringsten und ärmsten seiner Unterthanen (und Er bedient sich dieses uneigentlichen Wortes nur um der allgemeinen

Verständlichkeit und um der Kürze willen) nicht bloss eine ununterbrochne Arbeit sey, und Nahrung, so viel hinreicht, die thierischen Kräfte zu dieser Arbeit nothdürftig zu erhalten, oder — dass ich so sage, — das Lastthier durch die Krippe seines Herrn an seines Herrn Stall zu gewöhnen! — Er weis, dass es zur Bildung und Veredlung eines Volkes nothwendig ist (und welcher Fürst kann die Veredlung seines Volkes herzlicher wünschen, als unser Fürst!) jedem seinen eigenen Menschenwerth an Seel und Leib empfinden zu lassen, — und dass man, schon in dieser Rücksicht, auch die geringe und dienende Volksklasse, nicht durch entkräftende Frohndienste und plündernde Abgaben, allzugrossmüthig zu der Tugend des cinischen Entbehrens zwingen, noch ihr die Befriedigung derjenigen Bedürfnisse, welche das Thier ganz mit dem Menschen gemein hat, als den letzten irrdischen Zweck ihrer ganzen Thätigkeit vorhalten dürfe *). —

Unser gütige König fühlt es ja selbst, (und Er verläugnet dieses Gefühl nicht,

---

*) Vorausgesetzt, dass es in der That ein grösseres und ehrenvolleres Verdienst ist, Vater als Hirt eines Volkes zu seyn?

da Er mit grösserm Vortheil für sich und für uns, ganz so scheinen darf, wie Er ist) Er fühlt es selbst, wie sehr der feine Genuss der blossen Sättigung vorzuziehen sey. — Der Geist des Weisen, indem er sich zu dem Begehren der Sinnlichkeit hinablässt, hebt zugleich diese zu sich hinauf, und befördert auf diese Art die friedliche Vereinigung eines Gottes und eines Thiers, in welcher die irrdische Glückseligkeit des Menschen bestehet!

Aus diesem wahrhaft edeln Grunde äusserte das menschenfreundliche Herz unsers Königes schon längst den Wunsch, dass es möglich seyn möchte, die Armuth ihr nothdürftiges Brot nicht mehr doppelt bezahlen zu lassen, und den bildenden Luxus an den Thoren unsrer Städte nicht zu entkleiden, noch ihn durch die alles betastenden und von allem mitzehrenden, gallischen oder ungallischen Harpyen, eher von uns zu schrecken, — als bis er erst, in Gesellschaft seiner bessern Brüder, auch bei uns das Gute gewirkt hat, was er unter der Aufsicht einer ehrlichen Politik wirken kann! —

So gütig und weise unser geliebte Monarch sich in diesem, obwohl unerfülltem Wunsche seines Herzens zeigte, zeigt er sich in allen seinen landesväterlichen Handlungen.

Er hob, gleich bei Besteigung seines Thrones, bei dem Auslande das entehrende Vorurtheil, dass der Tapferkeit des preussischen Heeres nichts gleich sey, als der unbiedere Sinn, mit welchem die Edeln dieses Heers dem treuherzigen Fremdlinge, den sie mit reichen, oft hyperphysischen *) Versprechungen unter die Paniere des neuen Vaterlandes lockten, — despotisch jedes gegebene Wort brachen; und hier, wo sie Biedersinn und Rechtschaffenheit mit Füssen traten, ihre angebohrne Ehre dennoch unbefleckt sich mit der Hinterlist im offnen Triumph zeigen dürfe **).

Er

---

*) Hyperphysisch! Es gab nämlich vor dem in den nördlichen Provinzen meines Vaterlandes manchen ehrlichen Reichsländer, der an der Hoffnung, Erbsen und Kartoffeln zu essen, gros wie 36pfündige Kugeln, unter die preussischen Fahnen war hingeleitet worden.

**) Welches Ausland erkühnt sich nun noch, jene Lästerung zu wiederholen, dass die Disciplin

Er befreite die falsch beschuldigte Gerechtigkeit aus ihrem Kerker, wo sie mit stillen Thränen klagte, dass auch die bessern Fürsten dem Loose der irrenden Menschheit nicht entgehen mögen, und dass ihnen hiebei das stolze Unglück beschieden ward, ihren Irrthum oft nicht bekennen, und ihr Unrecht nicht gut machen zu dürfen!

Er gab unsrer Landesreligion ein königliches Gesetz und Privilegium zum Schutz, in der Hoffnung, dass sie bald, durch ihre allgemein entdeckte Wahrheit, sich selbst genugsam wird schützen können: — und hier war er gleich einem weisen Arzte, der einem entkräfteten Kranken so lange eine künstliche Stärke leiht, bis die Kräfte der eigenen Na-

unsrer Heere in der tiefsten Herabwürdigung des Menschen, in der schreiendsten Ungerechtigkeit und dem ertödtenden Selbstgefühl ihr höchstes Ideal aufgestellt habe?. Vor acht Jahren sagte ein reisender Franzose: bei dem preussischen Militair sey die offenbarste Ungerechtigkeit der Obern nicht vollkommen so erstaunenswerth; als das unthätige, entmenschte Dulden dieser Ungerechtigkeit bei den Untergebenen. Ich hörte es, und mir war zu Muthe, als ob ich eine Gotteslästerung hörte.

tur sich wieder empor helfen, oder bis wenigstens der gefürchtete Paroxismus überstanden ist *).

Er bauete auch den teutschen Musenkünsten Altäre und Tempel, und krönte mit eigner Hand so manchen Diener der Weisheit, fest überzeugt, dass diese patriotische Anerkennung und Schätzung fremder Verdienste Ihm selbst eine hohe Ehre sey.

Endlich sorgte er auch, mit seltener Freigebigkeit, für die Bildung und für den nöthigen Muth des Erziehers, welcher die Tugenden seines jetzigen guten und geliebten Volkes, auch in dem kommenden Volke seinem Thronerben erhalten soll. —

---

*) Es war daher das Werk einer weisen Vorsichtigkeit, mit dem selig verstorbnen Antichristen B.., welcher längst den Tod jenes göttlichen Kranken geweissagt hatte, gerade so zu fahren, wie sonst eine kluge Polizei mit dem pilgernden Unglücksprophoten, die einer ganzen guten Stadt eine verheerende Feuersbrunst prophezeit, zu fahren pflegte. — Und wenn die Verhaftnehmung jenes ominösen Mannes Vorsichtigkeit war, so war die baldige Loslassung desselben Gnade, und so wechselte immer eine Tugend mit der andern.

Warlich unser angebetete Monarch, der sich nie schämte auch im Kleinen gros zu seyn, weil es für den wahren Weisen, trotz des Spruches: nil admirari! nichts Kleines geben kann, hat hier den verborgnen Samen des Übels entdeckt, an welchem die Glückseligkeit und Freiheit der Staaten krank danieder liegen.

Ja, was in den Schulen der höchsten, wie der niedrigsten Volksklassen, was hier noch ausserhalb der Gesetze des Staates liegt, was hier noch von so Wenigen bemerkt, von den Meisten gering und niedrig geachtet wird, ist doch der im Stillen wachsende Keim des Glücks oder Unglücks einer ganzen Nachwelt, der Tugend oder des Lasters unsrer künftigen Mitbürger, unsrer Nachbaren, der Verwalter unsrer Geschäfte, unsrer Collegen im Amte, ja wohl gar unsrer hochgebietenden Obrigkeit.

Welcher Ackersmann ist nun so bequem seinen Samen in die Luft zu streuen, damit ihn irgend-ein günstiger Wind in die Furchen des Ackers treibe? Was würde nicht am Wege zertreten werden, was unter Dornen und Disteln umkommen, und wie schöne Gelegenheit hätte dann nicht der Feind, unter das Wenige, das noch gedeihen könnte, sein Unkraut zu mischen? — Oder, welcher Ritter der romantischen Fabelzeit war so fabelhaft gesinnt, die junge Brut eines erlegten Drachen so lange zu schonen, bis er einst, wenn sie zu mächtigen Lindwürmern gediehen waren, seine Tapferkeit, wie der heilige Georg, mit der Lanze an ihnen beweisen konnte?

So bequem ist nur diejenige Politik, die sich um das Wohl der heranwachsenden Bürger nicht eher bekümmert, als bis der Acker von der Hand des Zufalls, es sey gut oder schlecht, schon bestellt ist und bis die reiche oder dürftige Saat nur noch auf das mühevolle Verdienst des Schnitters wartet. — So fabelhaft gesinnt ist nur derjenige Staat, in welchem alles gethan wird für die Cultur, die Ehre und das Wohlergehn des Wehrstandes, für alle politischen und moralischen Chirurgen und Amputatoren, indess man den Stand des Erziehers vergisst, verachtet und niederdrückt, ihn, der die Pflicht auf sich hat, die Seelen der jungen Menschen frühzeitig von der Grundmaterie aller moralischen Krankheiten, aller politischen Gebrechen, vom argen Geist der Gesetzlosigkeit und des Despotismus zu reinigen *).

Hat' es nicht, den Schein, als läge solch einem Staate das Wohl seiner Glieder nur von der Seite am Herzen, wo er die Schäden derselben mit einem Schnitt kuriren muss? Hier ist sicher die regierende Macht ein künstlich angeleimtes Haupt ohne ein Sensorium für die Empfindungen seiner ihm zugetheilten Gliedmaassen.

So ein angekünsteltes Haupt ist unser König seinem Volke nicht. Er fühlt unsre Schmerzen, seine eigne Seele blutet an den Wunden, welche die strenge Hand seiner Gerechtigkeit unserm Nacken schlägt. Er hat nicht Lust an jemandes Beinen; er will den Tod des Sünders nicht, sondern dass sich der Sünder bekehr', und lebe!

---

*) Wo ein Staat seine Schulen nur guten und gelehrten Informatoren, nicht moralischen Künstlern anvertraut, da ist das Phänomen leicht zu erklären, dass mit der Verbreitung wissenschaftlicher Aufklärung die moralische immer mehr und mehr abnimmt.

Von hieraus erscheinen im schönsten Lichte so viele seiner wahrhaft väterlichen Anordnungen; aus diesem Gesichtspunkte betrachte ich Friedrich Wilhelms glücklich ausgeführte Reform der Schulen und Kirchen.

Er hat es gewagt, auf eine, in unsern Zeiten beispiellose Art, den ersten Soldaten mit dem ersten Erzieher und Prediger in der Person des Regenten zu vereinen. Von nun an dürfen sich die treuen Diener des Lehr- und Schulstandes nicht allein mit jener ohnedies zu stolzen Hoffnung trösten: künftig einmal zu leuchten, wie des Himmels Glanz; — und wie die Sterne immer und ewiglich. Nein, auch sie dürfen jetzt, mit demselben Rechte, wie schon längst die Diener der Waffen, jeder in seinem Posten, die Stellvertreter des Fürsten sich nennen, unangesehn, dass Friedrich Wilhelm nur das Kleid der wachthabenden Brüder, nicht auch die Uniform der geistlichen Ritterschaft trägt.

Doch hier muss ich mich auf einen Augenblick zu Euch wenden, meine geliebten jungen Freunde, Ihr, die ich

heute mit der Überzeugung, dass Euer
Fleiss solches Lohnes werth ist, dieser erhabnen Versammlung in edeln Geistes-
spielen vorstellen will *), — hier muss ich
Euch zurufen: zweifelt nicht an der Wahrheit meiner Worte, gewöhnt Euch aber
frühe daran, und werdet nicht müde, eine
traurige Gegenwart mit der Hoffnung einer bessern Zukunft zu trösten! — Glaubt
es mir, meine geliebten Zöglinge, das vä-
terliche Herz unsers Königes wird auch
unsre geringe und namenlose Schule **)
nicht vergessen, — sobald nur ein glück-
liches Ohngefähr das allbeschäftigte Auge
unsrer gütigen Obern auch auf uns hin-
lenkt, und sobald man vermuthet, dass
auch hier wohl eine blühende und hoffnungsvolle Jugend, nicht allein zur Lust
ihrer Eltern, sondern zum Wohl des Landes, und also auch zum Vortheil, und
was noch mehr ist, zur Ehre des Königes
gebildet werde. — — —

*) Am Geburtstage des Königes wurden vordem
in dieser Schule oratorische Übungen gehalten.

**) Jetzt, nach der Occupation von Danzig, ist diese
Schule eingegangen. Ware sie doch, nach ihrer äussern Einrichtung, im ganzen Königreich
Preussen die einzige gewesen. Dies wünsch'
ich aus patriotischem Herzen.

Kurz unser ganzes Volk ehrt in seinem Fürsten einen weisen Mann, und liebt in Ihm den Vater des Vaterlandes!

Doch, ich muss es wiederholen, an alle diese Verdienste unsers vielgeliebten Friedrich Wilhelm's um sein gutes und treues Volk, darf ich hier nur erinnern, weil sie in ihrem wahren und ungeschmünkten Werthe sicher jedem Geschäftsmann, den ich hier vor mir sehe, bekannter sind, als mir. — Und eben so darf ich es auch nicht wagen, über die grössern Unternehmungen des Königes zu reden, die jetzt von dem ganzen republikanischen, monarchischen und despotischen Europa bewundert werden! Denn bei Ihm handelt das Schicksal und der Ruf so ungerecht nicht, wie sonst bei den meisten, leider vergessenen Königen, die ihre Grösse in ihrer Güte suchten. und deren Glückseligkeit es war, sich mit ihrem ganzen Volke nur als Eine Familie zu betrachten. — Die grossen Fürsten, nicht immer die guten, genossen sonst den Triumph, dass sie auch in dem fernen Auslande mit Ehrfurcht genannt wurden, und dass man ihre Namen zu Überschriften an den Mumienkabinettern der Weltgeschichte machte, um, wenn nicht ihre Werke, doch ihre Namen zu verewigen. — Aber nein, die hohen Thaten unsers Regenten haben nicht blos einen patriotischen, sie haben sogar einen allgemeinen Weltbürgerzweck.

Es war sicher nicht beleidigte Familienehre, um derentwillen einst ein achtungswerther Theil unsers vaterländischen Heeres mit dem wilden Freiheitssinne übermüthiger Republikaner kämpfen musste *)! — Denn der bessere Fürst wird so wenig seine Familienzwistigkeiten durch die Krieger des Vaterlandes, die der Nation angehören, oder überhaupt durch seine Fürstengewalt entscheiden wollen, als der fürstliche Renntmeister seine eigne häusliche Ausgabe in der Rechnung seines Herrn aufführen darf, wenn er ehrlichen Sinnes ist. — Nein, der edlere König hat als König so wenig Blutsverwandte, als der bessre Richter sie haben kann; und Friedrich Wilhelms Herz kennt überdies blutige Rache so wenig, als blutigen Ehrgeitz. Er fühlt aber eine allgemeine Menschenliebe, die keinem andern Gesetze folgt, als ihrem eignen, und er sandte einst seine Krieger nur

---

*) Im Holländischen Patriotenkriege.

darum unter die aufrührerischen Kaufleute, die gern Fürsten seyn möchten, um ein verblendetes und unmündiges Volk zu seiner eignen Glückseligkeit, wenn nicht liebreich zu überreden, doch mit freundschaftlicher Gewalt zu zwingen. — Waren nicht nachher diese politischen Schüler so kindlich gesinnt, die Strafruthe voll andächtiger Naivetät zu küssen, mit welcher sie der Lehrer einer Nachbarschule freigebig zum Guten gezüchtigt hatte, und belohnten sie nicht, nach gebessertem Sinne, selbst ihre Züchtiger mit Ehrenzeichen? — Und dann, erkennt nicht jetzt jeder Bürger des wissbegierigen Europa's in unserm Landesvater einen König, der nicht erndten will, wo er nicht gesäet hat, sondern der säet, wo er nicht erndten will; — einen König, der ohne allen Neid einem jetzt noch schwachen, aber vielleicht künftig furchtbaren Nachbar grossmüthig mit seinen eignen Kriegs- und Staatskünsten aufhilft; — einen König, der, schnell zum Frieden und langsam zum Kriege, nur mit gedrohten Kriegesschrecken seine Siege erkauft; — der seine Helden ausschickt, um mit blutgewohnten Waffen jetzt in freundlichen Lebenskünsten zu unterrichten, nicht stille Hütten der Unschuld zu zerstören, sondern die zerstörten wieder aufzubauen, — und der — (wenn das gefühllose Schicksal und der stolze despotische Sinn der nordischen Cleopatra *) nun nicht zu erreichen ist) sicher das vom Vaterlande so ehrenvoll

---

*) Wohl zu merken, die K. a. R. ist erst zwei Jahre nachher eine gute Freundin unsers Hofes geworden; damals war sie es gewiss nicht.

Gerade in der Stunde, da ich diese Rede hielt, erschien ein russisches Kriegsschiff auf der hiesigen Rhede; ein grosser Theil des hier zerstreut liegenden preussischen Militärs musste die Schanzen am Seeufer besetzen, und man hatte nicht schlimme Lust, ein ausgesetztes Bot des russischen Schiffs, das von Danzig aus Proviant holen sollte, mit Feuer und Schwert aus dem Kanal zurück zu treiben. — — Wer demnach die obige Stelle nicht absichtlich misdeuten will, der versetze sich in jene Zeiten. Ich werde Gelegenheit suchen, nächstens, — wenn alles so bleibt, wie es jetzt ist — ganz anders von unsrer Freundin zu sprechen, als damals von unsrer Feindin. Ein guter Unterthan richtet sich von dieser Seite beständig nach seinem Fürsten, und wen der König, der doch seine bewegenden Ursachen hat, so sehr tadelt, wie damals die Selbstherrscherin a. R. von Ihm getadelt wurde, den werd' ich, als ehrlicher Preusse, nicht eben loben dürfen. Es ist überdies von Seiten Russlands unserm Monarchen auch nicht besser gegangen, wie Gott, alle Welt und die Zeitungen wissen.

Ihm anvertraute Blut seiner Kinder in sparsamen Tropfen, dem unerbittlichen Tode zutheilen wird! — Ja, mit dieser Zuversicht, sind Aller Herzen erfüllt, mit diesen Gefühlen feiert die Nation täglich das Leben ihres Königes, und alle Augen der erwartenden Welt sind jetzt mit dieser Hoffnung auf Friedrich Wilhelm, den Friedensstifter, gerichtet. —

Aber, wie soll denn ich, wie diese noch unmündige Jugend, die zwar die ersten Blätter des Katechismus der Bürgertugenden, nicht aber der Staatsverdienste eines Fürsten kennt, und die noch in der Gallerie der Weltgeschichte so wenig Gemälde von Regenten aufmerksam betrachtet hat, um das Bild unsers Monarchen damit vergleichen zu können, — wie sollen wir, hier in der ehrenvollen Gegenwart eines Mannes *), der durch die Bande der Ahnenverwandschaft so nah an das liebende Herz unsers Königes geknüpft ist, obwohl der Ruhm seines Geschlechts, so wie die glänzende Würde seines Amtes nur äussere Bezeich-

---

*) Der Graf von Hohenzollern, Bischof zu Culm, Abt von Oliva und Pöplin.

nungen von inneren Verdiensten sind! —
wie sollen wir, meine Freunde, diesen
uns so willkommenden Tag festlich genug
begehen? — O, was wär' es, wenn wir
hier mit freigebiger Hand verwelkte Blumen des Lobes ausstreuen wollten, welche
ihre schönsten Blüten, und ihre Erstlingsdüfte schon an vergangnen Festen dahin
gaben? Nein, meine geliebten jungen
Freunde, es ist eine thörichte Eitelkeit,
wenn man mit erborgten Gütern Geschenke macht: — und Urtheile, die der
Unerfahrne dem Erfahrnen, der Laie dem
Eingeweihten, der Liebhaber dem Kenner, ohne Prüfung nachspricht, sind unbedeutend, sie mögen Lob oder Tadel
enthalten. — —

Aber der fruchtreichste Gedanke, die
erhabenste Rührung, womit wir den Geburtstag eines wahrhaft grossen Menschen,
unsrer und seiner Würde angemessen,
feiern können, ist die Erinnerung: Es
war also eine Zeit, wo dieser an innerem
Werth vor tausend seines Gleichen hervorragende Mann, an leiblichem und geistigem Mangel uns allen gleich war; die
Natur gab ihn seiner Mutter so nackt auf
den Schooss, wie uns, und überliess seinen Geist, so gut wie den unsrigen, dem

mitgegebenen Temperament, dem Beispiel, der Erziehung, der eignen Erfahrung und dem Glück, — und dennoch errang er diese Höhe, dennoch ward er durch Anstrengung, Fleiss, Liebe und eigenen Stolz das, was er jetzt ist, und überholte in muthigen Geistesschritten so viele Tausende, die einst mit ihm ausgingen.

Diesen Gedanken, meine geliebten jungen Freunde, empfehle ich Euch heute als eine der fruchtreichsten Erziehungs- und Bildungslehren; dieser Gedanke entflamme in Euch den schon glimmenden edeln Wetteifer des Fleisses und der Selbstüberwindung! —

Jeder von Euch ist fähig, in seiner künftigen bürgerlichen Bestimmung die Vollkommenheit zu erringen, welche die auch endliche Kraft eines sterblichen Königes bei seinem Fürstenamte nur immer erringen kann! — Was der Sohn eines Fürsten, an Mustern von Erziehern, an Vermögen, sich mit dem, was in der Welt kostbar ist, obwohl es deswegen noch nicht das Nützlichste seyn darf, früher bekannt zu machen, und sich in allen Geisteskünsten zu üben, wozu ihn sein Genius auffordert, — was er hierin vom freigebigen Zufall mehr erhalten hat, als wir alle, wird ihm auch, von eben diesem Zufall, so wie von dem gefährlichen Dämon des höfischen Lebens in reichem Maasse wieder abgezogen.

Ein armes Menschenkind, welches das zweideutige Glück hat, als der Erbe eines Thrones gebohren zu werden, findet sich bei seiner Geburt schon dicht an dem glänzenden Ziele des zeitlichen Wohls, dessen weitere Entfernung vielleicht die erste Ursache war, warum wir unsern Geist nicht immerdar auf derselben Stelle rasten liessen, wo ihn der Arm der beschäftigten Natur, gleichsam im Vorbeigehen, hinstellte, und warum wir, oft mit geheimen Widerwillen, die Fortschreitungskraft unsrer Seele üben mussten.

Aber was soll den ungebildeten Geist eines jungen Thronerben, wenn er trägen Muthes ist, was soll ihn zwingen, seine Kräfte mehr anzustrengen und auszubilden, als etwa zum erhöhten sybaritischen Genuss seiner überflüssigen Glücksgüter nöthig ist?

Ihm hat das Schicksal, mit ehrenvollem Zutrauen, alle die Verdienste im Voraus bezahlt, die er sich künftig noch erwerben soll. Aber, ob (das ich so sage) dieser Taufbund mit dem Schicksal, wobei der Ruhm würdiger Ahnen Pathenstelle vertrat, — erfüllt werden soll, bleibt auch hier dem künftigen Eigenwillen des Täuflings überlassen, und nur selten begehrt man von ihm, in seinem reiferen Alter, eine öffentliche Confirmation dieses Bundes. Dennoch, wer vermag das geliehene Pfund der Hand des trägen oder untreuen Knechts abzufordern, um es einem bessern Diener anzuvertrauen? —

Wie wenig sind der gerechten und gütigen Fürsten, die ihre Abhängigkeit vom Volke erkennen? Tragen sie nicht alle ein gefürchtetes, von den Göttern selbst geweihtes Schwert in der Hand; dient nicht dieses Schwert der gerechten, wie der ungerechten Sache? Schon oft hat es die Bande jeder gesetzlichen Abhängigkeit zerschnitten, und mit diesen zugleich die Lebensfäden von hundert biedern Patrioten. Wer darf die Gräuel einer vielköpfigen Regierung, einer aristokratischen Republik beseufzen, wo der **bequeme Fürst das Ruder des Staates**
seinen

seinen Günstlingen überlässt, und sich mit der Ehre begnügt, dass sein Nahm' und sein Brustbild über der Kajüte steht? — Oder, wer darf murren, wenn der selbstthätige Monarch die engen Gränzen der rechtmässigen Monarchie bis an die Ufer des Despotismus erweitert, eines gefährlichen Meers, auf welchem ewig die Stürme der Tyrannei mit dem Orkan der Revolution wechseln?

Welche Nation hat noch jemals ihren angebohrnen Regenten zur Rechenschaft über sein Amt gezwungen, ohne des Meineids und des Hochverraths angeklagt zu werden? Wenn es ihr glückte, so glückte es Bösewichtern; wenn es ihr nicht glückte; so wurden ihre Patrioten verbannt, auf dem Schafot hingerichtet, oder aus ihren Gräbern geschleift.

»Wer,« so frägt der sophistische Höfling, (und er mag immerhin fragen, da wir nicht antworten dürfen) wer soll »über den Werth oder Unwerth eines ge- »salbten Hauptes entscheiden? — Das »Volk? Ein wilder, unbeständiger Haufe, »der sich selbst nicht versteht, der sich »selbst widerspricht, und der noch nie »gewusst hat, was zu seinem Frieden

M

»dient? Das Volk, das bei seinem Ge-
»richt zugleich Parthei und Richter seyn
»müsste, das nie weis, wo es aufhören
»soll, und in dessen Augen das heilige
»Ansehen der Gesetze mit dem Ansehen
»des Gesetzgebers vernichtet wäre? — —
»Oder die Weisen im Volke? Welches
»ist ihr untrügliches Zeichen? und wenn
»sind auch je die Weisesten unter sich ei-
»nig gewesen, über die wichtige Kunst
»der Staatsregierung? — — Noch heute
»streiten die Philosophen um den letzten
»Grundsatz aller Rechte, indess, fern
»von diesem müssigen Zank, die Kö-
»nige seit Jahrtausenden den Erdboden
»regieren!«

»Nein, die Könige haben Gewalt über
»ihre Völker, Gott allein über die Kö-
»nige! Was ist das Volk, dass es sich
»erkühnen dürfte, seinen Fürsten vor Ge-
»richt zu fordern? Oder wie könnte der
»Fürst sich irgend einem menschlichen
»Wesen zur Rechenschaft stellen, ohne
»seinen höhern himmlischen Gerichtshof
»zu beleidigen, und seines göttlichen Vor-
»rechts verlustig zu gehn?

»Ein Volk, das seinen König anta-
»stet, tastet mit thörichter Hand das eigne

»angeschaffne Haupt, das eigne Leben
»an; lästert zugleich seinen Gott, greift
»in die Rechte desselben, wirft ihm Par-
»theilichkeit oder gar eine unaufmerksame
»Weltregierung vor; ist ein wilder Haufe
»von Rasenden oder von Bösewichtern;
»gehört an die Kette oder an den Strick.
»Es ist überglücklich, wenn man seinen
»Geist, trotz alles Philosophirens über
»Werth und Recht des freigebohrnen Men-
»schen, mit der Unmündigkeit entschul-
»digt; das verwirkte Leben, welches nur
»den Finanzen noch theuer ist, grossmü-
»thig ihm schenkt, es mit der Ruthe züch-
»tiget, und über seine Seele strenge Vor-
»münder setzt, die ihm fortan, bei kar-
»ger Diät, einen reichlicheren Glauben
»vorschreiben, die ihm eine Religion
»aufdringen, die, gleich dem Alma-
»nach auf den Landeshorizont, berech-
»net ist, und eine Theologie, welche,
»wie eine einländische Manufakturwaare,
»den königlichen Stempel trägt.» — —
O welch ein alexandrisches Schwert! Es
durchschneidet den gordischen Knoten
der Selbstdenker, macht allem philosophischen Hader ein Ende, bekehrt den Freigeist und scheucht die Dämonen des Zweifels von dem Sterbebette der Gläubigen
zurück!

Jetzt trägt das fromme Volk alle Ketten geduldig, die ihm die Hand des Mächtigen anlegt, und stillt seinen Hunger, die Schmerzen seiner Wunden, die Thränen seiner Kinder, mit der Hoffnung eines ewigen Lebens. Es hält sich bei den grausamsten Schlägen seiner Treiber nicht von Menschen beleidigt, sondern von Gott gestraft, und schlägt endlich selbst mit geheiligter Faust auf seinen freigesinntern Bruder, der, sich zu wehren, oder auch nur zu murren, kühn genug war.

Seht, meine Lieben, so sind die Könige von allen Seiten gesichert: — ihr Amt ist ein ewiges Amt, ihre Pflichten schreiben sie selbst sich vor, ihren Gehalt bestimmen sie selbst, ihre eigne Tugenden können sie mit freigebiger Hand belohnen, und ihren Lastern dürfen sie nichts entziehn. — Dies ist das göttliche Recht der Gewalthaber!

Dieses furchtbare Recht, meine jungen Freunde, ahnen die Söhne der Fürsten aus allem, was sie umgiebt.

Der Mann beugt sein Knie vor dem göttlichen Knaben; die Frauen küssen die

Zipfel seines Gewandes; die Lippe der Jungfrau spielt auf seiner bewunderten Hand. Ein Kreis von Gesichtern, in welchen die Etikette den Ausdruck des Sehens, Hörens und Schmeckens in eine seltsame Harmonie zusammenzwingt, lauscht andächtig auf seine Winke, und scheint mit allen vereinigten Sinnen jedes Wort zu geniessen, das ihm entgleitet.

Die Prinzen sind die einzigen Menschen, welche von Jugend auf bei der veralteten Unbescheidenheit, sich selbst gnädig zu heissen, nicht erröthen dürfen; und ihr entnervter Stolz empört sich nicht mehr, wenn sie der Unterlassung eines Verbrechens durch den Namen der Gnade auch den letzten Schimmer der Tugend rauben.

Lesen sie es nicht in der devoten Hofzeitung, wird es ihnen nicht in flehenden Dedikationen vorgebetet, in hohen Oden und Liedern zugesungen, und steht es nicht an den prahlenden, oft übermüthigen Bildsäulen ihrer Vorfahren, dass sie Götter sind, wo sie der Menschheit sich nähern; dass sie verstehen, was sie nie lernten; dass schon das Lächeln ihrer Augen Kraft habe, alles, was unglücklich

ist, glücklich zu machen; und dass zum
Ziel des Ruhms sich jeder Weg ihnen
öfne, auch der, über die gekrümmten
Nacken ihres Volkes, das unter ihrer
Ferse sein Leben in Siegeshymnen verathmet?

O, meine Lieben, — der knechtische Sinn unedler Fürstendiener und ihre
gefährliche List, mit der sie dem Sohne
ihres gefürchteten Herrn tausend Schmeicheleien, nach jedem Gelüste seines Temperaments und Alters, künstlich zuzubereiten wissen, und wodurch sie seinen
kindischen Stolz schon früh zu thörichtem
Eigendünkel, Trotz, Widerspenstigkeit
und oft grausamen Übermuthe gewöhnen, — dieser knechtische Sinn, diese
schmeichelnde List legt der Tugend jedes Prinzen feine, aber schwer zu zerreissende Fallstricke, — die Ihr, meine
Geliebten, (o dankt es eurem Geschick,
eurem Stande und der weisen Liebe eurer Eltern) niemals zu fürchten hättet.
O, schwer muss es seyn, viele Selbstüberwindung muss es kosten, Laster zu fliehen, die man in ihrer ganzen blendenden
Zaubergestalt erblickt, — Laster, für
deren Entehrung der wahre Stolz gefühllos ist, über deren Strafe der Verbrecher

sich erhaben dünkt, deren Wunden zu heilen sich alle menschlichen Künste wetteifernd bemühn. — Für uns haben die Gesetze jedes Verbrechen mit einer fürchterlichen Larve bekleidet und es mit Strick und Schwert bewáffnet, — und unsre eigne politische Ohnmacht überzeugt uns leicht von der Schädlichkeit jenes despotischen Grundsatzes: dass alles recht sey, wozu man Vermögen und Macht besitzet! Wir büssen mit unserm eignen Gelde; unsre Schuldherren verkaufen unser eignes Haus; und wenn man uns schlägt, so bluten unsre eignen Glieder.

Seht, meine Freunde, so wird also der Sohn eines Königes bei der Ausbildung seines Verstandes und der Veredlung seines Herzens uns allen gleich, indem das blinde Glück mit der einen Hand alles wiedernimmt, was es ihm mit der andern mehr gab, als wir empfingen, — so übertrifft er uns also, — auch wenn er ein zweiter Friedrich Wilhelm der Zweite wäre, — nur als ein Menschenkind, nicht als ein Fürstensohn, und so liegt es an uns, wenn wir uns übertreffen lassen.

Alle diese Betrachtungen erneuet heute in eurer Seele auf die feierlichste Art; dazu sind die Rührungen dieses Festes bestimmt. Sie sollen das Gefühl eures eignen Menschenwerths in eurer Seele verständlich machen, — sie sollen den Gedanken: dass der Vorsatz zum Guten, wenn er von eigenem Stolz belebt, und von kluger Weisheit gelenkt wird, alles von unsern Kräften erzwingen kann, was der furchtsame und thatlose Mensch als unerhörte Wunderdinge anstaunt, — diesen Gedanken, von dem ich euren Verstand in den Stunden der kalten Belehrung schon oft zu überzeugen suchte, sollen die Rührungen des heutigen Festes und seine bedeutende Feierlichkeit auch eurem Gemüth, eurer feinern Sinnlichkeit einprägen, und auf diese Art dem rühmlichen Willen die fehlende Kraft verleihen. Dann wird Euch dieser jubelvolle Tag nicht nur als das Geburtsfest eures Königes, sondern als der Tag einer neuen Veredlung eures Herzens noch in den Zeiten des spätesten Alters eine achtungswerthe Erinnerung seyn.

IV.
VERMISCHTE GEDICHTE.

Fragment
einer
Neujahrslitaney.

Weil Du doch allen Segen hast, mein Gott,
und geben kannst, was wir nur nehmen können,
wenn Du es giebst; so gieb uns, lieber Gott,
ein gut und frohes Jahr!
      Wir wissen wohl,
dass Du es besser weisst, als wir, wir armen Sünder,
die wir mit Zeptern, Schwertern, Ruthen, Kru-
      zifixen,
mit theuern Seelenmessen, mit Gesprächen,
geführt von hohen sterbenden Personen
und ihren Geistern, mit Edikten, Manifesten,
und Neujahrswünschen ohne Unterlass,
so viel es missglückt, — an dem Wohl der Welt
arbeiten, — o wir wissen wohl, dass Du
es besser weisst, was hier auf dieser Erde
zu unserm ew'gen Heile dienlich ist!
Doch zählen wir, so gut wir es verstehn,
zu unserm eignen Trost, in Kindeseinfalt
Dir ein'ge Stücke vor, die ein recht gutes Jahr

wohl haben könnte! (Ist doch heut der Tag,
an dem die ganze werthe Christenheit
mit ihrem Halbverdienst und deiner Gnade
Abrechnung hält, und ob sie gleich noch immer
mit deinem eignen Golde Dich bezahlt,
und vieles schuldig bleiben muss, von neuem
um Vorschuss bittet!)

    Nimm denn, lieber Gott,
dem Allzuklugen, was zu klug ihn macht,
und gieb's dem armen, allzunärr'schen Narr'n,
und sollt darüber auch die Leuchtenburg *)
zum Findelhause werden, lieber Gott!

 Zerstöre jede hinterlistige
Distinktion! Was auch der fromme Vetter
in Wandsbeck von zwei eignen Wasserkarken
der Offenbarung und Philosophei
zum guten Bothen spricht **) — so ist uns doch
nur eine einzige Vernunft von Dir gegeben,
die, wie ein ehrlicher und treuer Advokat,
nicht zweien Gegnern dienen kann! — Ein
       Spiel
in Zwein, das Einer spielen will,
ist gar zu sehr ein Spiel, und oft erinnert
der schlaue Unterschied des Philosophisch-
und Theologisch-Wahren an zwei Hände,

---

*) Eine Vestung im Weimarischen, in welcher auch
 Tolle und Närrische aufbewahrt werden. Viele sind
 wie gewöhnlich aus Liebe, einige durch die mystische Theologie zu Narren worden.

**) S. Wandsb. B. 5. T. S. 138.

womit ein Bettler um ein doppeltes Geschenk
zu gleicher Zeit uns beide Taschen anspricht.

Mach alle Christen wiederum zu Menschen
und dann erst gieb den Glaubensabgesandten
im blinden Heidenthum, Gedeihn zu ihrem Werk!
Und — weil ich hier just an die Werber denke —
lass doch den preuss'schen Werbern nur so viel
Wein, Brot und Fleisch, als für sie selbst zur
                                    Nothdurft
hinreichend ist; denn ach sie mögen gern trakti-
                            ren *).

Dafür schenk allen Leuten, die am Pult
mit krummen Rücken ihr Gewerbe treiben,
des schwachen Magens wegen, dann und wann
in ihr mit Thee zufriednes Tässchen, Wein.

Gieb Brot dem Hungrigen, dem Dürstgen Trank,
ein Kleid dem Frierenden! O, diese Armen sind
in jeder Haus- und Kirchenlitaney
zuerst zu nennen, denn diese können nicht mehr
                                warten!

Gieb unsern Kindern einen deutlichen
und guten Katechismus, lieber Gott!
und lass' sie lernen, dass die Theorie

―――――――
*) Dies Gedicht war nämlich schon im Jahr 1785 ge-
schrieben, ehe noch Friedrich Wilhelm der Recht-
schaffne, zwar nicht die Schlange, aber doch die schönen Äpfel von dem Baum der Verführung nehmen liess.

nur um der Praxis willen da ist; dass die Teufel,
wie Sankt Jacobus meint, den theoret'schen Glauben
so'gut verstehen, als hätten sie entweder
bei einem Restaurator Fidei das
Dogmaticum bis auf den letzten Mann
mit ausgehalten, oder hätten gar
ihn selbst in seiner Jugend unterrichtet.

Gieb unsern Knaben — Knaben zu Gespielen,
dass sie im Laufen und im Ringen Bein und Arm
von Kind auf üben, dass sie in der Kraft
der Muskeln und der Sehnen sich erfreuen!
denn das ist warlich nicht nur Rossesfreude,
das ist auch Menschenfreude: — ja die Tugend selbst
bedarf des Starken und Gesunden.
Geht viel ehr ein Ankertau durch einer Nadel Ohr,
als dass ein Reicher in den Himmel komme;
so bleibt dem Schwächling und dem Immersiechen
die Pforte ewig zugeschlossen!
                        Unsern Mädchen
verleih ein Angesicht, das ohne Schminke
gefallen kann, aus dem uns eine Seele
entgegen spricht, die seyn will, was sie scheint.
O Du belohnest oft des Mannes gute That
allein durch seines Weibes Lächeln, und, fürwahr,
er ist belohnt und mit dem Lohn zufrieden!

Schenk allen Jungfern — nimm hier, lieber
                                Gott,
das Wort, wie wir es nehmen, denn vor Dir
ist freilich nichts verborgen — allen Jungfern

schenk einen guten Mann, und gieb ihn bald,
dass sie der Blumen in des Haares Locke
vor ihren Schwestern sich nicht schämen dürfen.

Den Männern gieb ein gut und freundlich Weib!
(Bewahr uns lieber Gott, in diesem, wie
in jenem Leben, vor der Hölle Pein.)

Den jungen Weibern einen jungen Mann!
denn Frühlingsluft im Winter ist nicht gut,
und bringt nur Krankheit, und der Frühling wird
darüber ganz und gar verdorben.

Auch unsern Jünglingen zu rechter Zeit
ihr Amt und Brot und Weib! Erbarme Dich
der armen Kindelein, die ihres Vaters Namen
zu ihrer Mutter Schande nennen: nie
erfahren haben, wie der Apfel schmeckt,
den, Abends, wann er von der Arbeit kömmt,
ein lieber Vater seinen Kleinen bringt.

Gieb allen frommen Greisen und Greisinnen
heut einen frohen Tag bei ihren Kindern;
lass sie im Lehnstuhl sitzen am Kamin,
wo sich die Kinder ihrer Söhn' und Töchter
die Weihnachtsäpfel braten, lieber Gott!

Gieb dem Gesunden Mässigkeit, und bald
dem Kranken guten Appetit! Fürwahr,
Gesundheit, Speis und Trank, wie's unser Herz
    erfreut,
ist doch für diese Welt nicht zu verachten! —

Wenn jetzt der Abend kömmt, wenn uns die Arbeit
des langen Tags ein Recht zur Musse giebt,
der Tisch gedeckt ist, ein verdient Gericht
in reinen Schüsseln raucht, ein frohes Weib
den mäss'gen Becher füllt, vergnügte Kinder
mit einer zärtlichen naiven Vorsicht
ihn uns entgegen tragen; o dann schäm' ich mich
des menschlichen Gedankens, warlich, nicht:
dass ich im Himmel einst so leben möchte!

Doch, dass ich alles kurz zusammenfasse,
— denn, ob Du gleich langmüthig bist, mein Gott,
so darf man Dich doch nicht versuchen! —— Gieb
all deinen Kindern, gross und klein, o Vater!
weil Du zum Spiel sie in die Welt gesetzt,
auch ihre Würfel, ihren Rechenpfennig
und ihre Puppen! Schenk uns allen, Vater,
was wir begehren, oder lass uns das
allein begehren, was Du schenken willst!
Zeig uns die Äpfel und den Marzipan,
die Mandeln und Rosinen lieber nicht,
wenn Du sie wieder in den Schrank verschliess't!
Und unsre Weiber, wenn, in allen Ehren,
sie nicht das alles kaufen können, was
geschrieben und gemahlet das Journal
der Moden allzuschön uns anzupreisen weis;
so lass sie doch — um ihrer Männer willen! —
so lass sie gar das *gelbe* Buch nicht sehn!

An
Herrn Mylius
in Jena *).

Der Zeitungsschreiber schreibts, und ganz Europa
weis:
» an welchem Tage dieses Jahres,
» um welche Stunde Seine Majestät
» von R. und U. sich höchst genöthigt sah'n,
» des überladnen Magens wegen, gnädigst
» ein Vomitiv den Austern nachzuschicken,
» und dass Sie bald darauf geruhet haben
» auch Übelkeit zu spüren, — und so weiter;
allein der brave Mann, mit seinem Ruf
verschlossen in sein leeres Kämmerlein,
thut Fürstenthaten, die ein träges Volk,
das seiner Thaten Frucht geniesst, nicht kennt.
Er weis allein, wie viel er Gutes schafft,
und muss es oft im Traume sich gestehn.

*) Dieser brave Mann hatte den guten Willen, sich mit der Einrichtung einer Lesebibliothek um die Studirenden der Jenaischen Akademie verdient zu machen; es fehlte ihm aber an genugsamer Unterstützung.

So sitzt ein fleiss'ger Handwerksmann, und sorgt
mit seinem baaren Schweiss, um längst versprochnen Lohn,
für seines Staates Leib, so gut und besser noch,
als Pater W**ner für des Staates Seelen:
indess der Charlatan, von einer ganzen Stadt
umringt, bei Pauken- und Trompetenschall,
ein Pülverchen verkauft, das man den Flöhen
eingeben soll, damit sie unverzüglich
am Bauchschmerz sterben. Sieh, das Volk ist froh,
und giebt, wenn schon der letzte baare Groschen
verthan ist, Bett' und Kleid für das Remedium,
aus Bett' und Kleid die Flöhe zu vertreiben.

Lass Du, mein Freund, dem Charlatan sein
Glück!
und lass den Thoren, die den letzten Groschen
ihm auf die Bühne werfen, ihre Narrheit;
des Menschen Wille ist sein Himmelreich!

Vom Narr'n verlangt der Staat, und kriegt, so
viel er will,
fürs Privilegium: allein der Weise
verlangt vom Staat; und was er will, ist viel!
Denn ob er gleich, für sich, sich selbst nur braucht,
so sieht er doch, wo's seinem Nachbarn mangelt.
Sprich nie zum Fürsten oder zum Minister:
»Mein lieber Herr, Gott hat euch scharfe Augen
»gegeben, hat euch auch auf einen Berg gestellt,
»von wo eu'r Land zu übersehen ist;
»allein was eure Dichter auch erzählen,

»eu'r Aug' ist nicht so scharf, und eure Höh' zu
hoch,
»als dass ihr gar in jenem Teich dort
»den Fisch, und das Gewürm, das in den Thä-
lern kriecht,
»erkennen könnt! Ich aber wohne dort,
»und sag euch, Herr, in jenem Teiche sind
»die schönsten Fische, aber lasst ihn bald
»zudämmen, wo er ausgerissen ist,
»sonst geht der beste Fang euch über Bord!«
Der Fürst und der Minister halten, traun,
den wohl gemeinten Rath für ein Pasquill
auf ihre Augen, und Du magst Dich nur
empfehlen, eh sie nach dem Kammerdiener klingeln!

Schliess Dich vergnügt in Deine Kammer ein,
und in Verdauungsstunden sieh durchs Fenster
den Thoren auf dem Markte zu!
und ärgere Dich nicht mehr, Du guter Mann,
wenn blos aus langer Weil' die jungen Herren
zu Deinen Büchern kommen, sie beschaun,
und wenn sie alle Bücher durchgeblättert,
und alle Bilder angelächelt haben,
zum Abschied sprechen: »Ei, da find ich nichts
für mich!
»Schaff uns Romane her, was sollen wir
»mit diesen Tugendbüchern und mit Kants
»Vernunftkritik und Herders Menschenlehre?
»Dergleichen Schriften hat mein selger Vater
»wohl an die tausende, in Schweinesleder
»und Pergament gebunden, nachgelassen!«

Epilog

zur Scene:

Tod des Sokrates *)

Gesprochen

vom

Kerkermeister.

Der arme Sokrates, nun ist er richtig todt! —
Sie hätten ihn wohl leben lassen können!
Er hat denn doch nichts Böses sonst verübt
als dass er oft in lauter guten Dingen
die jungen Leute unterrichtete,
bisweilen auch, — ein wenig all zu gut
die Wahrheit sagte! — Freilich hört man wohl,
er sey ein Thor gewesen, habe nicht
nach Art und Weise unsrer Herrn Sophisten
die liebe Jugend informirt; er habe
ganz heimlich einen conterbanden Gott

---

*) Ein kleiner dramatischer Aufsatz, der von einigen meiner grössern Zöglinge in der Schule zu Neufahrwasser aufgeführt wurde.

ins Vaterland gebracht; im Disputiren
sey er aus Hinterlist so unausstehlich kalt
geblieben, als ob ihm die Wahrheit nur
am Herzen läge, nicht die eigne Meinung:
dann hätten oft die harterbossten Gegner,
behext von ihm — sobald er recht gehabt,
in ihrer eignen Antwortung, wider Willen,
ihr Unrecht sich bedeutet — — kurz der Todte sey
für seine Weisheit viel zu arm gewesen!

Allein, ihr wisst wohl, wie es in Athen
zu gehen pflegte, — o man spricht da vieles,
was, mit Respekt zu sagen, gar nicht wahr ist;
erzählt oft wahr und falsch so durcheinander,
dass unser eins mit seinem Bischen Klugheit
das Rechte nicht herauszufinden weis.
Ob einem braven Mann dabei das Herz
gebrochen wird, ob einer daran stirbt,
das geht in Griechenland die grossen Herrn und
          Damen
sehr wenig an: denn, glaubt mir, auch bei uns,
hier in Athen, ist grosser Ton zu Hause.

  Freund Sokrates ist todt! — Ob einer an der
         Pest,
ob an Verläumdung stirbt, ist fröhlich einerlei,
sobald er todt ist! — Doch die Götter wer-
        den richten!
sie haben ja vielleicht ein Herz, so gut
als eines Kerkermeisters; sind vielleicht
noch etwas weiser als die stolzen Richter

des Areopagus! — und was das Beste ist,
sie sind gerecht! — —

So lebt dann wohl, Ihr Herrn,
lebt herrlich wohl und denkt in müss'gen Stunden,
denkt doch zuweilen an den Kerkermeister! — —

———————

An
den Herrn Stadtrichter R*sch,
bei seiner Vermählung.

Geschaffen nur zu seinem eignen Glück,
empfing der Mensch von einem guten Gott
die feinsten Sinne zum Genuss, empfing
den wunderbaren Geist, der des Genusses Anmuth
verdoppeln kann, und eine grosse Welt,
die nicht zu arm ist für die angebohrnen,
gerechten Wünsche jedes Erdensohns.
Dies ist das Siegel unsrer Kindschaft, dies
das erste brüderliche Band der Menschen! —
Und doch, wie wenig, Freund, und auf wie kurze
      Zeit
geniesst der Mensch, was ihm beschieden ward!
Er kennt das Seine nicht; und wenn er's kennt, ? — —
Ein früherer Besitzer hat vielleicht
es tausend Eigenthümern schon entwand,
noch eh' sie waren, und die grosse Erbschaft
der Schöpfung ist vertheilt, eh noch die letztge-
      bohrnen,
doch gleich geliebten Kinder für ihr Recht
mitsprechen konnten.

Freilich wohl erhöht
die Mühe des Erwerbens und die Furcht
es zu verlieren, auch das ärmste Gut:
doch schwächen sie die Kräfte des Genusses
im Voraus schon. — Zum Glück sind wir gebohrne
Sophisten, und verstehn uns treflich drauf,
selbst ein Verdienst in der Nothwendigkeit
zu finden. Wenn bis an des Lebens Ende
wir zum Genuss uns immer vorbereiten,
und — nie geniessen; machen wirs so gut
wie Don Quixott. Er focht mit Heldenmuth
für den Besitz des Fräuleins in Toboso
und sah sie nimmer; litt an Seel und Leib,
von ihrem Felsenherzen nie betrauert,
von ihren Händen nie gepflegt — und hielt,
um consequent zu seyn, und bei sich selbst
nicht das zu s c h e i n e n, was er wirklich war, —
die Höllenpein von seinen Liebesschmerzen
und die zerschlagnen Glieder für ein Glück
und eine hohe Ritterehre. —
    Warlich
nicht anders träumt der Mann, der seine Ruhe,
sein häuslich Glück, den Umgang mit sich selbst,
und alles von dieser Erde Gütern
das Herz erfreuen könnte, für die Ehre,
geplagt zu seyn von eines hohen Amtes
unnützer Pflicht, mit Heldenfreude hingiebt.
Lohnt ihn vielleicht das selige Gefühl,
sein kleines Glück dem grossen Wohl des Staats
zu opfern? O so nannte sich fürwahr
der Ritter von der traurigen Gestalt

ein Trost bedrängter Unschuld, die allein
durch seinen Trost bedrängt sich fühlte. — Doch
es sey; wo bleibt dem immer thät'gen Mann
die müss'ge Stunde, wann er dies Gefühl
geniessen darf, ach wann das matte Herz,
gedrückt vom Undank einer ganzen Welt,
noch mehr gedrückt von einem Leibe, der
die Arbeit nur empfand, und nicht der Arbeit
Ehre —
geniessen will und kann? — Nein, wie der
Geitzige,
gewinnen wir, statt des bezweckten Glückes,
die todten Mittel lieb, und bleiben ewig arm,
um reich zu werden.

Freilich, consuetudo
est alterа natura, sagt das Sprichwort;
doch sagt ein anderes: natura
si furca — und so weiter. — Beide sind
vereint nur wahr. — Zu lang schon überspannt,
giebt eine Saite ihren rechten Ton
in seiner Reinheit nie mehr an, doch weicht
sie schneller auch von dem erzwungnen,
und will, bei jedem neuen Stück, von neuem
gestimmt seyn.

Sieh, der Mensch, so wie ihn jetzt
des Zufalls und der Mode strenge Hand
gekünstelt hat, mag seine wahre Kraft
und Schwäche, sein erkünstelt und natürlich
Bedürfniss nicht gehörig unterscheiden.
Er lebt in einer steten Spannung, lebt
in einem Fiebertraum! Doch kommen Stunden

(und kommen mit den Jahren mehr und mehr)
wo sich die angestrengte Seele plötzlich
ermattet fühlt, wo in der öden Musse
der lang betäubte Geist mit einem milden,
doch unbefangnen Blick das Leben überschaut,
sich selber prüft, und ach, die Wahrheit findet:
wir thaten vieles für die Welt, und nichts
für uns, und wenig für den Himmel! –
verkannten lang das grosse Ziel des Lebens:
sich selbst zu kennen, selbst sich
zu geniessen.
Weit zogen wir umher; weit von uns selber
weg,
empfanden, dachten, lebten nur in andern; —
am Rand des Grabes erst trifft sich die Seele
verwundernd bei sich selber an; und sieh,
die lange Mühe halbgelebter Jahre
ist für die bessre Ewigkeit verschwendet,
wir hinterlassen ungenossne Güter,
wir selbst nur folgen uns, und zwar mit einem
Sinn,
der für die schönsten Freuden dieser Welt
unmuthig sich verschloss, und für die grössere
Wonne
des Himmels noch nicht vorbereitet ist!
In diesen Stunden, Freund, — der Prüfung und
des bangen Zweifels Stunden, wo das matte Herz
das Leben schwer, wie eine Krankheit, fühlt, —
was kann von allen Gütern dieser Welt
uns mit der Welt versöhnen? — O das einzige,
was noch kein Thor besessen, was kein Thor,

dem Biedermann beneidet; — Lieb' und Freundschaft. —
Des ganzen Lebens rauschende Musik,
was ist sie ohne Liebe? Nur ein Streiten
von tausend Tönen unsrer Leidenschaft
bald mit zu viel, bald mit zu wenig Kraft,
die wenig mehr, als ein Geschrei bedeuten.
Doch seht, der Liebe Stimm' und Hand
weis bald der Freude hüpfenden Diskant
durch alle Töne herrschend durch zu führen;
und selbst den Bass des Unglücks füget sie
mit in die schöne Harmonie! — —
Doch halt! wohin mit dieser Bildersprache?
Die herrliche Gestalt der nackten Wahrheit
wird durch den Flitterprunk der üpp'gen Phantasie
so leicht verdächtig! — —
Nein, die Liebe, Freund,
ist schöner noch dem abgekühlten Auge
der stillen Prüfung, als dem heissen Blick
des stürmischen Verliebten.
Ja, ein Weib,
das unsre Freundin ist, die frei von jeder Laune
uns gern verstehen *will*, sobald sie uns
versteht,
die mit dem ungeschwächten, feinen
Sinn
für ihren eignen Werth, des Mannes
Stolz nicht minder,
als mit dem Ausdruck reiner Zärtlichkeit,

des Mannes *Liebe* schmeichelt, sonder Mühe
in Blick und Ton, gleich weit von der *Gebieterin*
und von der *Sklavin* sich zu halten weis,
o solch ein Weib, belohnet sie nicht oft
des Mannes schwerste That mit einem einz'gen Lächeln,
worin den ungetheilten Beifall Lieb und Stolz
zugleich ihm bringen? Reichet sie nicht oft
beim Streit der Tugend mit der Leidenschaft,
dem guten Willen, der zu sinken scheint,
den Siegeskranz durch einen Händedruck,
durch einen Kuss der Treue? — Dieser Kuss, —
nach so viel trügerischen Modeküssen,
die unser Herz erbittern, — macht er Stirn
und Aug und Seele heiter.
O fürwahr,
schwer ist es auch dem Biedermann, sein Glück
der strengen Pflicht, oft der Undankbarkeit
dahin zu geben: aber hier vereint
sich beides, Pflicht und Wohl. Denn unsre Saat
geht auf
vor unsern Augen; Liebe sammlet ein,
und giebt uns reichlich wieder, was wir gaben.
Ein lang bekanntes Eigenthum wird neu,
gewinnt den Reiz des herrlichsten Geschenkes;
der Lohn wird zwiefach, durch die treue Hand,
die ihn so liebreich darzubringen weis,
und wir geniessen doppelt, weil wir theilen.

Wie einst durch eines Weibes Schwäche sich
die ganze Welt entzweite mit dem Himmel,
sind wir versöhnt durch eines Weibes Liebe
mit dieser Welt, und sind dem Himmel näher.

Dies Glück ist Dein, o Freund! — ist
            Dein, so wahr —
so wahr — (wo find' ich gleich die unbedingteste
Betheurung?) — ja, so wahr, als diese hier
gebrauchte Wendung längst in einem Hochzeitcarmen
was sehr bekanntes ist! — Indess, sie passt auf
            Dich,
das macht sie wieder neu — und selten! —
                      Nimm
mit froher Hoffnung hin, was Du verdienest,
ein Weib, das Dich verdient. Kein träger Wunsch
entfalle mir! Dem Glücklichen sind Wünsche
Erinnerungen an seines schönen Guts
Vergänglichkeit. Du aber sollst Dich freun,
und anders nie des Himmels Vorgeschmack,
als mit dem wahren Himmel selbst vertauschen.

Meinem Freund Rolle,

als er von Halle nach seiner Vaterstadt Magdeburg zurückreisete, dort eine Schullehrerstelle anzutreten *).

Nun, so geleite Dich denn der Freundschaft sorg-
    samer Engel! —
Geh, wohin Dich, o Freund, deine Bestim-
    mung ruft,
Deine Bestimmung, — ach, dort wo die gefällige
    Hoffnung,
Die, nach des Jünglings Wunsch, immer rei-
    tzend und neu,
Bald in ein anderes Licht, bald andere Gestalten
    sich kleidet, —
Jetzt nur Eine Gestalt, Eine Farbe Dir zeigt.

Geh, und fühle den Stolz, in Deinem kleineren
    Kreise,
Nur von Wen'gen bemerkt, nur von Dir sel-
    ber gekannt, —

---

*) Ich wünsche, dass man die Stimmung, in welcher dies Gedicht geschrieben ist, durch den Verlust entschuldige, den der Dichter wirklich empfand.

Mit verschwendeter Kraft am Wohl der Nachwelt zu
bauen,
Einer Nachwelt, die, ach, Deine Mühe ver-
höhnt;
Geh, und werde Mann! o was sind die Freuden des
Jünglings,
Dessen fröhlicher Sinn ringsum Fröhlichkeit
sieht?
Geh und werde Mann! verdiene mit reichlichem
Kummer,
Der, schon vor dem Genuss, Kraft zum ge-
niessen Dir nimmt,
Deinen Anspruch auf Eine, nur Eine sorglose Stunde,
Wo Du, statt thätiger Lust, doch nur Ruhe
begehrst. —
Ja, wenn endlich zu lang ein unerbittliches Schicksal
Alle Hoffnungen täuscht, alle Wünsche verneint
O, so erschlaffet zuletzt der lang vergebens gespannte
Nerve, wir hoffen nicht mehr, und wir wün-
schen nicht mehr.
Sieh, das nennen wir Gleichmuth, ernste Gleich-
muth des Mannes!
Das, die Bestimmung, zu der jetzo Dein Weg
Dich führt!
Ach, und wäre dies Tugend? auch Tugend im Auge
der Götter? —
Geh! — die Nothwendigkeit ruft! — Geh, wir
weinen nicht mehr!

An

meinen Freund Schlichtegroll

in Gotha.

Die Fröhlichkeit des Jünglings, welchen noch
kein schlaflos Amt, kein Weib mit ihren Kindern,
und keine Fürstengunst gefesselt hält,
ist einem Flötenspieler gleich, der, — nicht
für kargen Lohn gedungen, — bald am Morgen,
und bald am Abend bei des Mondes Glanz
hinausgeht in den Duft des Lindenwäldchens,
ein Lied zu spielen, wie es ihm gefällt.

Die Fröhlichkeit des Mannes aber gleicht
dem Musikanten, der mit seiner Geige
aufs Betteln zieht, und in der Schenke, was
der trunkne Gast verlangt, — ach, um ein Mittags-
brot —
aufspielen muss. Er sitzt und spielt und singt
zum froh'sten Tanz, indess sein Haupt
matt auf den Busen hängt,
sein trübes Aug' die frohen Saiten anweint.

Darum

Darum, o Jüngling, weil dein Auge noch
nicht lachen darf, wenn deine Seele weint;
weil noch dein Antlitz steifen Ernst des Amtes
nicht heucheln muss, indess die Seele lacht;
darum, o Jüngling, weil du Jüngling bist,
sing', was dir wohlgefällt, und hauchtest du
des Lebens halbe Kraft in deine Flöte.
Genug, du hast in deiner Freude doch
dich selbst genossen, und des Lebens Jammer
ward nie vermehrt durch jene Seelenquaal,
zu jeder Laune deines mächtigen Gönners
die Pantomime leicht genug zu spielen.

O weh dem armen Mann, der in den Fluten
mit dem Ertrinken kämpfet, — nimmt am Ufer
der Unverstand die heftige Geberde
der Angst für Zeichen der Behäglichkeit
und des Entzückens. »Seht doch, ruft der dumme Haufe,
»wie dort der lust'ge Herr im Wasser
       sich gefällt!«

Rundgesang

am Schluss eines fröhlichen Festes.

Eine Stimme.

Der letzte Becher sey geleert,
　　Die Fröhlichkeit des Weisen,
Die länger als der Festtag währt, —
　　Und diesen Tag zu preisen.
Es lebe, wer der Mässigkeit
Sein Mahl und seinen Becher weiht,
　　Im Kreise trauter Freunde!

Alle Stimmen.

Es lebe, wer der Mässigkeit
Sein Mahl und seinen Becher weiht
　　Im Kreise trauter Freunde!

Eine Stimme.

Nicht des Burgunders rothe Glut
　　Im leuchtenden Pokale,

Nicht Indens Wohlgeruch —. und Blut
In einer güldnen Schale; — —
O, was die Sinne nicht allein,
Was Herz und Seele soll erfreun,
Muss Herz und Seele haben!

Alle Stimmen.

O, was die Sinne nicht allein,
Was Herz und Seele soll erfreun,
Muss Herz und Seele haben!

Eine Stimme.

Wer seines Freundes gern entbehrt
Bei einem Freudenbecher,
Ist nicht des edlen Weines werth, —
Er sey, er ist ein Zecher!
Sein bestes Mahl, sein bester Wein,
Sein frohster Abend wird ihn reu'n
An jedem kranken Morgen.

Alle Stimmen.

Sein bestes Mahl, sein bester Wein,
Sein frohster Abend wird ihn reu'n
An jedem kranken Morgen.

Eine Stimme.

Drum töne stiller Rundgesang,
An unserm mäss'gen Feste, —

Nicht für des Mahles Speisen Dank,
Nein, für die guten Gäste.
W i r gaben diesem Freudenmahl,
W i r erst dem lachenden Pokal
Sein Lächeln, seine Freude,

Alle Stimmen.

W i r gaben diesem Freudenmahl,
W i r einst dem lachenden Pokal
Sein Lächeln, seine Freude,

Eine Stimme.

Hier sinnt die Etiquette nicht
Auf modische Geberden,
Hier trinkt die Langeweile nicht,
Um schläfriger zu werden;
Hier lauscht kein heuchlerischer Christ,
Kein Höfling und kein Bellettrist
Auf jedes Wort der Lippe.

Alle Stimmen.

Hier lauscht kein heuchlerischer Christ,
Kein Höfling und kein Bellettrist
Auf jedes Wort der Lippe.

Eine Stimme.

Wir heissen uns nicht beim Pokal'
Und im Pokal' nur — Brüder;

Wir kennen uns, sind allzumal
    Von Herzen Freund' und Brüder!
In solchen Kreisen darf der Wein
Auch wohl ein Freund der Gäste seyn,
    Und Herz und Seel' eröffnen.

Alle Stimmen.

In unsern Kreisen soll der Wein
Ein trauter Freund der Gäste seyn,
    Und Herz und Seel' eröffnen.

Eine Stimme.

Und solch ein Fest ist Arzenei,
    Die Leib und Geist verjünget,
Der bösen Laune Tyrannei,
    Und Menschenhass bezwinget.
Es giebt ein leichtes, frohes Blut,
Und stärkt die Kraft, und stärkt den Muth
    Auf hundert böse Tage.

Alle Stimmen.

Wir danken ihm ein leichtes Blut,
Und heitern Geist und Kraft und Muth
    Auf hundert böse Tage.

Eine Stimme.

Nun — Gott, der Thau und Regen giebt,
    Und alles speist und tränket;

Doch, was sein Mensch bedarf und liebt,
— Durch Menschen nur ihm schenket! —
Gott gebe solchen Freudentag,
Der nimmermehr gereuen mag, —.
  Auch andern Menschen! Amen!

Alle Stimmen.

Gott gebe solchen Freudentag,
Dess Angedenken trösten mag,
  Gott geb' ihn allen Menschen!

An Herrn R..sch.

Amor ist ein Kind, voll Schalkheit, Muthwill
und Laune;
Was er Neues erblickt, darnach schlägt ihm
das Herz.
Auch das Schlechteste liebt er, so lang es nicht sein
ist, und achtet
Wenig des schöneren Guts, das er schon länger
besitzt.
Venus, ein Mütterchen jetzt, (denn darum schmückt
sie die Scheitel
Ihrer Priester so früh mit dem silbernen Haar —)
Venus verzeihet so gern die tollsten Streiche dem
Knäblein,
Weinend versöhnet er sie, denn er weinet so
schön.
Aber die himmlischen Mächte, so sagt die olympi-
sche Zeitung,
Haben die Pallas ihm jetzt zur Ma-Bonne
bestimmt. —
Schwer ist Pallas bewaffnet, wie leicht enthüpft ihr
der Kleine!
Öffn' ihm keiner die Thür auf der gefährlichen
Flucht.

Endlich holt sie ihn ein, und kastigiret den Buben,
Und bezahlt euch nichts, was er muthwillig zer-
schlug. —
Du, so dünkt es mich, F r e u n d, empfängst den
lieblichen Knaben
Aus der M i n e r v a Hand: freundlich ist er und
still;
Denn er weis es, bei Dir verkehret täglich die
Göttin,
Darum sitzt er und schweigt, wenn Du nicht
selber ihn winkst.
An dem müssigen Abend verkürzt er die drückende
Weile,
Spielt auf der Zitter, und singt froh sein Lied-
chen dazu.
Nimmer wird in den Stunden der P f l i c h t die
L i e b e dich reuen,
Denn du wähltest sie nur, als Gesellin der
Pflicht.

Ein treuherziges Lied.

Dem
Geburtsfeste
unsers guten Königes
Friedrich Wilhelm II.
des liebreichen Vaters aller Preussen, Brandenburger,
Schlesier etc. etc. des milden Friedensstifters an der
Südersee und am schwarzen Meer, des grossen Freundes
von allem Guten und Schönen in und ausser
Landes etc. etc.

*In Namen einiger Schüler der Schule zu
Neufahrwasser.*

Den 27ten September, 1790.

Was gut ist, und sich wünschen lässt,
  (Wir kennen noch so wenig!)
Das wünschen wir zu seinem Fest
  Heut unserm guten König! —
Auch Fürsten soll es immer nicht
  Nach Wunsch und Willen gehen;
Sie brauchen auch zum Sehen — Licht
  Und können sonst nicht sehen!

Gott woll' dem König gnädig seyn,
    Wie dieser seinem **Lande**,
Sein Herz mit Muth und Lust erfreun
    Zu seinem schweren Stande!
Er woll' Ihm, was sein **eigen** ist,
    Erhalten und vermehren,
Und aller Feinde Hinterlist,
    Und ihren Fletten wehren!

Und alle Gnäd'gen sollen Ihm
    An Mild' und Güte gleichen,
Und fordern nicht mit **Ungestüm**,
    Wo sie mit **Bitten** reichen!
Und sparsam mit Gelagen seyn,
    Die sie dem Tode geben — —
Und ihre Waffen nur verleihn
    Zum Frieden und zum Leben!

Dann singt, mit kindlichem Gefühl,
    Einst jedes Volkes Jugend,
So gar bei seinem frohsten Spiel
    Von seines Fürsten Tugend!
Es singt, in Schulen gross und klein,
    Wie hier am Ostsee-Strande:
Gott woll' dem König gnädig seyn,
    Wie dieser — seinem **Lande**!

Über die Unsterblichkeit.

Eine Phantasie.*)

Dunkel alles, alles still und dunkel:
die sternenleere Nacht hängt schauerlich
vom Himmel auf mein Haupt hinunter.
Unhörbar ist das Athmen
der schlafenden Natur:
kein Lüftchen weht, nur ein verwelktes Blatt
fällt von der Bäume Gipfel,
und rauscht in bangen Pausen
von Zweig auf Zweig die Erd hinab!

Immer dunkler, immer stiller
wird die Nacht!
die Schatten fliessen in einander,
gestaltlos hat die Finsterniss
sich um mich her gelagert. Dicht am Auge
zerrinnt mein Blick, nur meinen Athem hört

---

*) Der Gang dieses Gedichts ist zwar sehr verschieden von dem Gange der Cantate: Zweifel und Glaube, doch bei ein paar einzelnen Stellen wird der Leser sich erinnern, dass er sie in eben diesem Buche schon einmal gelesen habe.

mein lauschend Ohr.
Zu sich allein verschlossen,
behorcht mein scheues Leben, —
sich selbst, und merkt mit Schaudern
auf seinen eignen leisen Gang.
Wüsst ich's, dass ich hier am Boden liege,
fühlte mein Gebein die Erde nicht?

Seele, stehe nun auf,
erhebe dich in deiner eignen Kraft.
Jetzt sinket deine Sklavenkette
den wildern Sinnen aus der tyrannischen Hand.
Seele, raffe dich auf, und fleuch zur Zukunft hinan.

Ich werde seyn, auch dann,
wenn meine Freunde sagen:
er ist nicht mehr!
wenn dieses Lebens milde Wärme
aus jeder Ader schleicht;
der Athem stockt, und alle Pulse schweigen!
wenn dies mein Auge nie mehr hoffen darf,
den Tag zu sehn!
mein festentschlafnes Ohr
nicht von des Hains Gesängen,
nicht von des Himmels Donner mehr erweckt
wird.

Ich werde seyn, wenn die Verwesung
sich über den Ohnmächtigen nun hinstreckt,
in schauerlicher Stille
an meinen kalten Gliedern,

an meinen Nervgeweben langsam nagt; —
wenn dieses Fleisch vermodert ist,
und meine Knochen sind des Spatens Spiel,
zersplittert und zerschellt.

Ich werde seyn, wenn schon Jahrhunderte,
in Fluten oder unterirdischen Flammen
mein Grab zerstörend,
über diese Welt hineilten;
wenn dieser Leib vielleicht schon tausendmal
in immer wechselnden Gestalten
erschien, entfloh, und längt von seiner Asche
nicht mehr als zwei nachbarliche Stäubchen
beisammen wohnen.

Dann, Seele, dann wirst du noch
seyn,
wirst *meine* Seele noch seyn,
dann, Gott, dann bin ich noch Ich!

Ach, dass ich dies so ganz nicht fühlen kann,
wie sehnlich ich es wünsche!
Ach, dass des Geistes Schwingen immer noch
die Fessel hält!

O, kann ich mich denn anders, als in diesem
Leibe
von Erde? kann mein Auge je
das wunderbare Wesen schaun,
das in mir lebt und denkt?

Ich bin in meiner eignen Hütte
ein Fremdling. — —

O du mein fürchterliches Ich,
du Seele, die ich nur mit Zittern liebe,
die du, gleich einer körperlosen Stimme,
dich selber rufst, ach, nach dir selber jammerst,
und dich nicht finden kannst: wann werd ich einst,
wann werd ich mit der Wahrheit Hand,
den dunkeln Schleier heben dürfen,
der dich verbirgt?
Wann werd' ich einst,
dich selbst, o Freundin, sehn von Angesicht
zu Angesicht, und mit Entzücken dann
die offnen Arme um dich schlingen?

O sprich, du Himmlische! o rufe nur
mit einem leisen Worte mir die Antwort zu:
wirst du noch bleiben, wenn die Hülle sinket? —
und, wenn du bleibest, wirst du mich noch kennen?

Sprich, gleichest du den Schimmersternen,
die täuschend in der Sommernacht
vom Himmel fallen?
O, wird dein schwaches Licht schnell in die Luft
 verfliegen,
indess die träge Schlacke in den Tritt
des Wanders niedersinkt?

Wie, oder wirst du deinen Kerker
mit freier Hand erbrechen,

und triumphirend dann hinauf dich schwingen,
von wo du kamst?

Ach, keine Antwort! nur der Wiederhall
der Frage schallt aus meiner Brust zurück. —

O ihr Gestirne
des ew'gen Firmamentes, tretet
aus dieser Nacht hervor, und blinkt mir Hoffnung zu!
Ihr Schatten um mich her, schwebt nicht ein Geist,
in euch gehüllt, um des Bedrängten Klage,
und darf er, darf er nicht,
ach, nur mit einer schwachen Stimme,
mit einem leisen Laut,
mir Trost in diese bange Seele lispeln?

Vergebens! — ach vergebens!
die Nacht ist still, und alle Gräber schweigen! ——

Ha sieh! dort graut der Morgen schon hinauf,
die Mitternacht ist hin!

Ist dies das Zeichen, gütige Natur,
was du dem Zweifler giebst?

Es ist es, Seele, ja es ist das Zeichen!
Ich falle nieder, o du Gnädiger,
und sieh, mein Glaube betet
bei diesem Zeichen deinen Namen an.
Du ew'ges Firmament des hohen Himmels,
in aller Pracht des jungen Morgens, —

geliebte mütterliche Erde,
die du mir jedem Frühling dich verjüngst!
ihr spottet meiner nicht!
ihr seyd nicht ewiger als ich!
ich bin unsterblich! und ich werde wissen,
dass ich unsterblich bin! —

Begeistre mich, Natur,
mit tausend solchen Hoffnungsbildern,
begeistre mich, und lass mich nie
aus dieser seel'gen Trunkenheit erwachen! —
(War auch für meine Seele Finsterniss zu schweigen,
obgleich mein Leib in Dunkel eingehüllet war,
mein Ohr nur meinen Athem hörte. —)
Triumph, Triumph, wenn einst des neuen Lebens
Tag,
wie dort der Himmel durch gebrochne Wolken,
trotz aller Finsterniss der Grabesmacht,
am Himmel der Unsterblichkeit mir aufgeht.

Lied

Lied vom Grabe,
auch beim frohen und geselligen Becher zu singen.

Gesang.

Wir werden alle Platz und Raum
 In unsern Gräbern haben,
Zwe'n kleiner Schritte braucht es kaum,
 Uns räumig zu begraben.
Wir liegen, wie sie uns gelegt,
 Im Bettlein, uns beschieden;
Wir liegen, wie sie uns gelegt,
 Und ruhen dann in Frieden!

Mit unserm Nachbar zanken wir
 Nicht um die bessre Stätte;
Ob jener dort, ob dieser hier
 Die weichern Späne hätte!
Wir liegen da auf Gottes Gnad,
 Und harren auf Erlösung!
Und haben ja des Platzes satt
 Zur ruhigen Verwesung.

Spruch. *)

Darum sollt ihr euch untereinander euer Plätzchen gönnen auf Erden; und euch nicht drängen und stossen um einer Spanne Bodens willen. Die Welt ist gross genug für uns alle, wie der Kirchhof!

Gesang.

Wir werden ohne Sorg und Noth
   In unsre Gräber ziehen!
Lass Morgenroth, lass Abendroth
   Am blauen Himmel glühen,
Lass Feld und Wald im Seegen stehn;
   Es sind nicht unsre Güter!
Der Ackrer mag zum Pfluge gehn,
   Zur Sichel geh der Schnitter.

Lass Feuersnoth und Wasserflut
   Und Pest und böse Fürsten
Nach aller Menschen Hab und Gut,
   Und Ehr und Leben dürsten,
Das geht und ficht uns wenig an,
   Und bängt uns nicht in Träumen,

---

*) Diese Sprüche werden von Einer Stimme langsam und vernehmlich gesprochen.

Wir haben alles ausgethan,
   Und können nichts versäumen!

Spruch.

Darum sollt ihr Geduld und Hoffnung mischen in den Kelch eures Kummers, und euch nicht alle Erdennoth zu Herzleid machen; denn es kommt bald eine Zeit, da man sprechen wird: sie haben ausgekümmert.

Gesang.

Wir werden alle gross und reich
   In unsern Gräbern wohnen!
Und werden, unsern Fürsten gleich,
   Auf eignem Staube thronen!
Wer ist dort Knecht und Unterthan?
   Wer ist dort Herr und König?
Im Grabe schläft ein freier Mann!
   Im Grabe schläft ein König.

Sie holen nur ein wenig Sand,
   Das Küssen uns zu füllen:
Und nur ein leichtes Nachtgewand
   Den Leib uns einzuhüllen!
Den Todten fällt es nicht mehr ein,
   Dass Prunk und Aufwand ehret;

Der Nackte hat an sich allein
 Dort mehr, als er begehret!

Spruch.

Darum sollt ihr nicht stolz thun, und eure Brüder verachten, weil sie eure Diener sind! Auch sollt ihr nicht alles begehren, was ihr kaufen könnt: sondern sollt gross seyn in Demuth, und reich an Wohlthun! Denn sie werden auch euch auf euren Nacken niederlegen, und euch die leeren Hände über die Brust falten, den Sargdeckel über euch dekken, und sprechen: Gott befohlen!

Gesang.

So helf uns denn der treue Gott,
 Durch unser armes Leben!
Und woll uns einen leichten Tod
 Bei froher Seele geben!
Am frühen Morgen öffne sich
 Der stillen Herberg Pforte:
Dann, guter Wandrer, schaue dich
 Schon dicht am Vaterorte.

Wohl auf, und schenkt die Becher voll,
 Lasst euch dies Mahl nicht reuen:
Ihr mögt am Herbergsabend wohl
 Euch jenes Tags erfreuen.

Und wer von uns im Morgengraun
　　Zuerst erwacht, ihr Brüder,
Der zieh voran, wir finden, traun,
　　Ihn in der Heimat wieder.

Spruch.

Fried und Freud and traute Brüderschaft allen
Mitgenossen der Hoffnung eines ewigen Lebens!
Darauf geben wir uns die Hände, klingen die Becker
zusammen, trinken den fröhlichen Wein.

Auf
den Leichenstein
des Hauses Bourbon*).

Bourboniden,
von eurem Ahnherrn, Heinrich dem Vierten,
Erbfeinde der dreifachgekrönten
Beherrscher Austriens!
eure Macht vergrösserte sich,
so lang Ihr, der Politik
Heinrichs getreu,
von der Riesenmonarchie Karls des Fünften
ein Glied nach dem andern lös'tet.
Aber, seit den schmeichlerischen Briefen
der Enkelin Leopolds,
Kaiserin ihres Mannes und des teutschen Reichs, —
an die Fleischerin Pompadour,
eure Stief-Grossmutter,
sank euer Heldenruf, — —
und die in der Brautnacht
beleuchtete Allianz

---

*) Eine Inschrift, im Voraus und zum Verkauf gemacht, wofern jene Familie jemals eines Leichensteines sollte benöthiget seyn.

mit der fröhlichen Tochter der frommen Theresia
kostete
(ein Wink des drohenden Schicksals)
hundert von Franken erdrückten Franken
das neugierige Leben.

Armer Ludwig,
das Geschlecht der Bourboniden
war ein glücklicher Feind
deines schwiegermütterlichen Hauses,
aber an seiner Freundschaft
bist Du gestorben.

Weinet um Ihn, ihr Kinder Adams!
denkt an eure erste Mutter!
denkt, dass unser ganzes Geschlecht
die alte Schuld der *Verführung* —
mit dem Tode bezahlen muss.

Am Geburstage des Herrn Inspektor M.

———

Die wahre Freude sey begrüsset,
   In deren Blick kein Argwohn lauscht,
Die Freude, die sich selbst geniesset,
   Nicht trunken macht, nur sanft berauscht!
Sie putze sich zu diesem Feste
   Mit Gold und Äter-Seide nicht;
Sie gleiche jedem dieser Gäste,
   In ihrem Alltagsrock und Sonntagsangesicht.

Hier, wo nicht tausend Spiegel tagen,
   Mit wächsernem Gestirn besteckt, —
Hier ist für keine hundert Magen
   Ein ungesell'ger Tisch gedeckt!
Hier wird, uns in den Schlaf zu bringen,
   Kein fürstlich Drama aufgeführt,
Noch, um uns wieder wach zu singen,
   Ein paukend Götterchor vom Himmel herge-
      uirt!

Was diesen Tag zum Festtag machet,
  Das ist des Herzens Festlichkeit;
Denn, Göttin, wer hier singt und lachet,
  Der singt und lacht aus Fröhlichkeit!
Komm, lass dein himmlisches Gefieder
  An deinen Schultern jetzt zurück,
Setz dich in unsre Reihen nieder,
  Und stosse mit uns an: **auf dieses Tages Glück!**

Einem würdigen Greise
an
seinem Geburtstage.
Im Namen seiner Kinder.

In der Jugend Traumgesichte
  Sieht der neue Mensch die Welt
Von dem schattenlosen Lichte
  Eines ew'gen Glücks erhellt.
Seine Wünsche sind Gesetze,
  Zauberei bewaffnet sie,
Unermesslich sind die Schätze
  Der allmächt'gen Phantasie!

Aber, nur zu bald entschwindet
  Dieses Rausches Seligkeit.
Ach, der reiche Träumer findet
  Eine arme Wirklichkeit!
Wo, in seinem Schöpfungsbilde,
  Zum Genuss ein Eden stand,
Harret nun ein Sandgefilde
  Auf des ersten Pflügers Hand.

Unterm Kampf des Missgeschickes
    Mit entkräfteter Natur,
Fällt der Saame seines Glückes
    Zweifelnd oft in dürre Flur.
Manche Knospe stirbt im Keimen,
    Manche Blüte welket ab,
Eh' von hundert Hoffnungsbäumen
    Nur ein einz'ger Schatten gab.

Was im Schweiss von vielen Jahren,
    Was durch manche Winternacht,
Im Gedeih'n es zu bewahren,
    Angst und Liebe treu bewacht, —
Ein mit Thränen oft getränket,
    Ein mit Schmerz erzognes Glück
Bricht ein Fremder, und gedenket
    An den Pflanzer nie zurück.

Tausend kommen so und gehen, —
    Von dem Seegen dieser Welt
Im Vorbeigehn anzusehen,
    Was auch ihrem Sinn gefällt.
Ach sie greifen — und verlassen
    Hat die Blume Duft und Glanz!
Oder, was sie zitternd fassen,
    Ist ein frischer — Todtenkranz.

Aber, wär' uns auch hienieden
    Jedes Bäumchens Blüth' und Frucht,
Das wir pflegten, zubeschieden —
    O, der Unzufriedne sucht

Immerdar nach neuen Schätzen; —
 Ihm ist eine Welt zu klein;
Um ihn nicht mehr zu ergötzen,
 Darf sie nur sein eigen seyn.

Wunsch und Hoffnung, Angst und Wonne
 Tobt durch unsre Seele hin,
Eh' des wahren Glückes Sonne
 In den rein gestürmten Sinn
Leuchtet, wie durch klare Wellen
 Sanfter Bäche dort das Licht,
Jeden Kiesel zu erhellen,
 In die stillen Tiefen bricht.

Darum Heil dem seltnen, frommen,
 Dem von Gott geliebten Mann,
Der, dem Sturm der Welt entkommen,
 Noch der Welt sich freuen kann; —
Dem, zu friedlichem Genusse,
 Endlich sich die Freude beut,
Und mit einem Engelskusse
 Seinen Geist der Ruhe weiht.

Heil ihm, denn er hat der Tugend
 Seine Seele rein bewahrt;
Mässigkeit hat seiner Jugend
 Edle Kräfte aufgespart;
Unter halb verblichnem Haare
 Lacht ein frohes Angesicht.
Mehrt euch über ihn, ihr Jahre,
 Seine Seele ältert nicht.

Heil ihm, in vollführter Thaten
    Kühlem Schatten ruht er nun,
Um mit Trösten, Warnen, Rathen,
    Seinen Kindern wohlzuthun.
O wie gleicht er hier dem Bilde
    Goldner Patriarchenwelt,
Dessen Heiterkeit und Milde
    Jedes trübe Aug' erhellt.—

Danken lehrt uns erst geniessen!
    Seht, an seiner Freunde Brust
Liegt er dort, und Thränen fliessen,
    Schöne Zeugen frommer Lust.
Himmelan strahlt aus den Thränen
    Der entzückten Augen Dank, — —
Heil'ger ist, als diese Scenen,
    Nicht des Himmels Lobgesang.

———

O komm, geliebter Vater, komm und setze
in diesen jugendlichen Kreis dich nieder.
Dir gilt dies Lied! Dein ist das lichte Bildniss,
das ungeschmückt die Sprache hier gemahlt.
Komm, lass die Stirne, der die schönen Kränze
der eignen Jugend nicht gereun, auch heute
mit einem Kranz der stillen Freude schmücken
von deiner Kinder Hand! — O, selig sind die
    Götter,
die nur zu wünschen brauchen, — um zu haben

und zu geniessen! Doch beglückt auf Erden
ist auch der Mann, der, unter selbstgepflanztem
    Schatten,
den Lohn von einer langen Pflege,
in einem Gut, das selbst durch Sorg' und Mühe
ihm lieber ward, mit ungeschwächtem Sinn
und einem stolzen Selbstgefühl geniesst! — —

O fühle so in deiner Kinder Wonne
dein eignes Glück, geliebter Greis! — Und
    nun,
ihr Freunde, tretet her, und ruft bei dieser Scene,
wo Vatersegen, treuer Kinder Dank
und Gattenlieb' in Einer Gruppe fest
umarmt sich halten, — rufet laut: es lebe,
    es lebe, wer beglücken kann!
    man denkt bei Einem braven Mann
    gern an die wen'gen alle.

An

Herrn K*,

den Arzt und Barden.

Soll ich aber, wenn Du aus diesem quälenden
            Fieber
Mich errettest, o K*! — deine Oden, und,
            Weh!
Deine Impromtüs vielleicht noch einmal ver-
            nehmen? —
— Lass Dich erbitten, und geh, — geh, ich
            sterbe ja schon!! —

An denselben.

Wenn deine Arzenei dem Kranken
Nun nicht mehr helfen kann; wenn schon die To-
            desangst
Durch jede Nerven zuckt, und dennoch
Die arme Seele sich noch länger quälen will:
So tritt, barmherziger K*! tritt auf des Todes
            Seite
Und end' den Kampf, und lies deine Verse vor!

An Pullo.

Hättest Du, Pullo, gelebt zu der Sündfluth Zeiten, in Noahs
  Arche wärest auch Du diesem Verderben ent-
    flohn.
Noah hätte vom jeglichen Thier' allein nur das Weib-
    chen
  Mitgenommen, und statt aller Männchen — nur
    Dich.

Fortsetzung.

Ich danke Dir indess, dass Du in Noahs Arche
  Nicht mit gewesen bist;
Denn sieh', mein Hund ist, schon als eines
      Hundes Nachkomm,
  Zu seinen Diensten dumm genug!

V.
FRAGMENTE.

Dum non vult alter - timet alter dicere verum!
Oweni Epigrammata.

L.

Fragment einer Maurer-Rede

nach Aufnahme der Herren F*cht, V. und
von P.

Es war von jeher das Schicksal aller Bilderspreache, dass man in sie hineinlegen und wieder herausnehmen konnte, was man, den Umständen nach, und zur Erreichung gewisser besonderer Zwecke, nur immer wollte. Wie in einen Anzug von elastischem Gummi, (wenn es einen solchen giebt) konnte man zwei Gedanken, die in allen ihren Gliedmassen das Wiederspiel von einander sind, in einen und eben denselben Text der Bildersprache kleiden: beiden schloss er sich an, und schien für jeden ausschliessend gemacht zu seyn. Es lag nur an der Kunst dessen, der seinem nackten Einfall dieses wehrlose Kleid zu eigen machte. Oft wurde der mehr oder weniger fehlende Witz durch eine mit Leidenschaft vorgefaßte Meinung, einen Lieblingsgedanken, eine lang genährte Hypothese ersetzt; denn eine Lieblingshypothese — sagt Yorik — gleicht den Verdauungswerkzeugen, sie verwandelt alle Speisen, welcher Materie und Form sie seyn mögen, endlich in Milch und Blut dessen, der sie zu sich genommen hat. *)

Wie es aller Bildersprache geht, geht es auch der Bildersprache unsers Ordens. Die Geschichte desselben, auch noch seine heutige, kann uns darüber sattsam belehren. Was alles hat man nicht in der Maurerei gesucht und gefunden: Freiheit und Bedrückung, die Fackel der Aufklärung und ein Messlicht, das beim Geisterzitiren gebraucht wird, Motive zur aufopfernden Menschenliebe und das Geheimniss der habsüchtigen Goldkocherei. An jenem rohen Stein schliff mancher das Schwert der Wahrheit, mancher einen Degen, der nicht scharf seyn durfte, weil er nur zieren sollte, und glücklicher Weise im Schleifen zersprang, —

*) Bei gar zu schlechten Verdauungswerkzeugen ist dies nicht der Fall, es geschieht dann eine ganz andre Metamorphose, die ganz gut in das obige Gleichniss mit aufgenommen werden könnte; wenn es sich schicklich genug thun liesse.

mancher einen Dolch, viele ihr tägliches Wirthschaftsmesser.

»Aber, — wird der Profan, (wenn er dies hören sollte, und er hört es ja seit einiger Zeit bis zum Ermüden) »aber,« wird er sagen, »hat denn der Orden nicht ei-»nen unbezweifelt von seinem Stifter her-»abgeerbten Schlüssel seiner Bilderspra-»che? Hat er nicht bestimmte, in der »alltäglichen Sprache deutlich ausgedrück-»te Erklärungen seiner Hieroglyphen, die »allen andern Auslegungen, allem Streit »ein Ende machen? Denn von etwas Posi-»tivem müsste man auch hier, wie in aller »Sprache, ausgehen.«

Er hat Schlüssel! einen für den Vorhof, einen für das Heilige, und einen für das Allerheiligste, er hat bestimmte Erklärung und Auslegung, die in der alltäglichen Sprache verfasst sind. Aber, leider, der Inhalt dieser Erklärungen, so wichtig er ist, so wenig er in allen möglichen interessanten Formen jemals genug, oder gar überflüssig gegeben und wiedergegeben werden kann, — ist den meisten Menschen alltäglich geworden; sie hörten ihn vielleicht auf allen Kanzeln, lasen ihn in hundert moralischen Büchern, und lernten ihn schon beim Katechismus, den Worten nach, auswendig. Seit dieser Zeit dachten sie, wenn sie ihm irgendwo begegneten und ihn grüssten, nichts weiter, als dass sie ihm schon sonst einmal begegnet wären.

Guter Profan, der Suchende ist durch unsre Erklärungen und Auslegungen jener Symbole nicht befriedigt. Sie sind für seine *gespannte Erwartung* zu gewöhnlich, als dass sie dieses ungewöhnlichen Putzes — zu gering, als dass die des erhabnen Talares der Geheimnisse werth seyn könnten, wenn sie nicht (wie er wünscht und daher hofft) nur *symbolische* Erklärung von *Symbolen* wären und einer *neuen* Auslegung bedürften, in welcher erst das *Letzte,* das *Erwartete,* das *Ungewöhnliche,* mit einem Worte, das *Wunderbare* zu erblicken ist, welches, nach seiner Meinung, das grosse Geheimniss des Ordens erst zu einem wahren Geheimniss machen kann. Daher die täglich hinzugesetzten Sprossen einer Leiter, die Anfangs wohl nur drei bekannte und eine in Wolken gehüllte Sprosse haben mochte, auf welcher jetzt aber viele Maurer geradezu in den siebenten Himmel zu steigen gesonnen sind.

»Wozu denn,« spricht hier wieder der Profan, »wozu denn, diese verführerische »Bildersprache, welche die Brüder verwirrt, und den letzten Zweck des Ordens ewig unentschieden lassen muss?« — — — — — — — *)

Für heute, M. B. erlauben Sie mir nur, den würdigen drei Neuaufgenommenen, und zwar in so fern sie meines Fingerzeiges bedürfen, (wenn sie überhaupt einen bedürfen), — erlauben Sie mir, Ihnen zu sagen: für einen guten und weisen Mann kann und wird dieser Stein des Anstosses un-

*) Sollte mancher Leser auf diese Frage keine befriedigende Antwort aus dem Folgenden herausfinden können; so find' er sie hier in wenig Worten. Der Orden ist für jeden, der ihn dazu gebrauchen will und kann, ein scharfer Probirstein des *guten Kopfs* und des *guten Willens*. Dies ist er, bei allem, was man ihm, von dieser oder jener Seite betrachtet, als positive oder negative Fehler anrechnen könnte. Glücklich ist die Loge, deren Obere wissen, dass der Orden wenigstens (und dies: wenigstens, bedeutet unendlich viel) — wenigstens hierzu gebraucht werden kann, vorausgesetzt, dass diese Obern selbst Männer von freiem Kopf und gutem Willen sind. — —

ter andern auch dazu dienen, dass er *anstosse* und doch *nicht falle.* Ich sage, er kann und wird dazu dienen, nicht, er soll es, d. h. ich weis nicht, ob die Absicht des Ordens, oder seines Stifters je gewesen ist, dass er dazu diene. Der Maurer aber ist der Herr seines Ordens, nicht dieser *sein* Herr; er gebraucht den Orden, der Orden nicht ihn. Immerhin mag der Orden in allen seinen vom Stifter deutlich oder undeutlich gedachten, ja nur durch eine Art von moralischem Instinkt geahndeten, mannigfaltigen Neben- und Hauptabsichten nicht erreicht werden, vielleicht unerreichbar seyn; — immerhin mag sein ganzes mystisches Formal, seine Zeichen und Worte, seine Bildersprache und das, was wir arbeiten nennen, gar keinen, ja sogar einen bösen Zweck haben; — — der gute und weise Mann wird dennoch, muss dennoch, unabhängig von allen jenen weisen oder unweisen, noch erkannten oder schon vergessenen Haupt- und Nebenzwecken, etwas Gutes durch ihn gewinnen, was er ausser unserm Orden nicht in *der* Art gewinnen könnte, — — die Übung seines Verstandes und seiner Vernunft an einem Räthsel, das seit Jahrhunderten so viele tausend Menschen, und unter diesen so viele weise und gute Männer des mühsamen Versuchs der *Auflösung* würdig fanden; das sie auf irgend eine Weise zu interessiren schien, und das wenigstens, wenn ich so sagen darf, seit mehr als einem Jahrhundert eine *scheinbare Kluft* befestiget hat zwischen denen, die *drinnen* und denen, die *draussen* sind. Er erreicht auch hier die Bestimmung seiner Natur, Arbeit, Thätigkeit des Geistes, unbekümmert, was das Resultat oder Produkt dieser Thätigkeit seyn wird, ob die Entdeckung einer neuen Weisheit oder einer alten Thorheit. Schon durch das *Bestreben*, das Räthsel aufzulösen, hat er gewonnen, es falle nun aus dem aufgelösten Knoten ein Sandkorn oder ein Diamant.

So unbekümmert darf aber auch nur der seyn, der selbst auflöset, nicht, der sich von andern auflösen lässt. Den letzten interessirt das Ding und der Gebrauch des Dinges, was gefunden wird; jenen die *Mühe* des Suchens und die *Ehre* des Findens. Wir finden auf dieser Welt nie, um gefunden zu haben, sondern um weiter suchen zu können. — —

Das Räthsel aber besteht meines Erachtens in folgenden Fragen: was ist das Unbekannte, das die Anhänger des Ordens zusammmenhält? Ists Schein oder Wahrheit? Ist es beides? — Warum bedarf die Wahrheit dieses Ordens? Wie fesselt der Schein in demselben? — Ist der Orden eine abgeworfne Löwenhaut, in welche sich das berüchtigte Müllerthier kleidete, um seinen Herrn zu erschrecken? — Ist er ein Torso des Herkules, den kein neuer Bildhauer ergänzen kann? — Ist er ein reines und gesundes Quellwasser in einem mit dem unleserlichen Rezept versehenen Arzeneiglase, um dem Patienten, der das Natürliche nicht liebt, durch diese Medikamenten-Form, die erste und natürlichste Medicin der Welt besser zu empfehlen? — Ist er endlich ein *Schwert* aus den Zeiten der *Kraft* und *Freiheit*, das man tausend neugierigen Reisenden *zeigt,* unter denen *keiner* mit seinen beiden Händen es *zu heben vermag,* bis künftig einmal *die Zeiten der Kraft und Freiheit wiederkehren,* und einst, die gemeinhin sehr dürr- und schwachleibigen Freiheitsgeister, eine Generation von *Helden* hervorgebracht haben, deren Faust auf *öffentlichen* Kampfplatz die Rechte *gültig* machen wird, über welche ihre Väter, wie furchtsame Gespenster, bei Nacht und Nebel und in verschlossnen Höhlen mystische Gespräche führten? — — Was soll aus ihm werden? — Was könnte man künftig aus ihm machen? — Wozu gebrauchen wir ihn vor der Hand am besten? —

Der denkende Profan wird mir hier nicht ins Wort fallen, und sagen: »was »soll mir dies neue Räthsel, hab' ich doch »deren genug in meinem alltäglichen Le- »ben aufzulösen. Warum werf ich mir »einen neuen Stein in den Weg, da ich »schon so viele von Natur und Schicksal »mir in den Weg geworfen vorfinde, an »denen ich meine Kräfte auf mancherlei

»Weise zu üben habe?« — O, du wirfst ihn nicht hin, du findest ihn schon von andern hingeworfen, nur öfnet dir seine Aufnahme die Augen, dass du ihn siehst!

Sie, meine Herren, die Sie mir heute von einer und eben derselben geliebten und werthgeachteten Mutter zu Brüdern gegeben sind, Sie umarm' ich mit der festen Überzeugung, dass Sie, wenn auch kein anders, doch dieses Ziel, ein Ziel, das Sie sich schon ausser der Loge gestellt haben, nach dem alle ihre Kräfte ringen, — Veredlung des Geistes durch Fortschreitung, Erhöhung des Geistes, schon durch das unermüdete Bestreben sich zu erhöhen, — dass Sie dieses Ziel der gesamten Menschheit ganz sicher auch in und durch unsern Orden erreichen werden, selbst wenn die Mitglieder des Ordens gegen Sie seyn könnten. Sie haben hier gleichsam Sich selbst, als einen von einer gewissen Seite noch nicht bearbeiteten Stein, (von einer Seite, die er erst diesen Augenblick erhielt, —) Sich selbst haben Sie Sich selbst zur Bearbeitung vorgeworfen. Behauen Sie! es splittre unter dem Meissel, was splittern kann, bis auf den letzten unbehaubaren Kern, der einst zum Eckstein eines Tempels dienen soll, in andern Welten für die Ewigkeit gebaut.

Übrigens aber machen Sie mit diesen gutmüthigen Vehikeln, mit unsrer Bildersprache einen jeden Gebrauch, den Sie bei Sich selbst rechtfertigen können. Legen Sie immer hinein, was Ihre Brüder noch nie hineinlegten; es wird etwas Gutes, der menschlichen Gesellschaft Heilbringendes, kurz es wird etwas Vernünftiges seyn. Das ist unser Zutrauen zu Ihnen, in diesem, und nur in diesem wünsche ich Ihnen auf Ihr ganzes Leben Glück zu den Begebenheiten der verflossnen Stunde! —

II.
Über die Aufklärung
des grossen Haufens.

Es ist unbegreiflich, wie ein Mensch mit Religion, oder gar ein Christ, behaupten kann, nicht alle Menschen müssen die Freiheit haben, ihre Vernunft zu gebrauchen, besonders müsse dem gemeinen Mann keine Gelegenheit gegeben werden, über seine Rechte und Pflichten, kurz über seine Bestimmung als Mensch nachzudenken, oder (welches genau genommen einerlei ist) zu raisonniren.

Wenn es eine Gotteslästerung giebt; so ist es wahrlich dieser Gedanke. Warum hätte denn der gütige und weise Vater aller Menschen allen seinen Menschen die Fähigkeit der Vernunft mitgetheilt, wenn von einer Million nur immer einige Hundert sie üben und ausbilden sollten?

Ich fordre hier kühn jeden auf, der dieser Meinung ist, mir zu sagen: warum denn der Schöpfer die lasttragende Menschheit, oder den, leider Gottes, so genannten gemeinen Mann, nicht gleich ohne diese jetzt verschwendete Fähigkeit, als ein dem vornehmeren Menschenvolk sehr nützliches Mittelding zwischen Thier und Menschen geschaffen habe. Denn dass der grösste Theil der Menschen, da er seine Verstandeskräfte nicht übt, endlich den Schein erhält, als habe er diese Kräfte besessen, darf uns doch unmöglich zu der ernstlichen Vermuthung verführen, er habe wirklich weniger empfangen, als wir andern.

Kann es nun Gottes Wille, kann es nun recht und gut seyn, den gemeinschaftlichen Vorzug unsrer Natur, einen Vorzug, der uns nicht nur für diese Welt, sondern für unsre ganze Existenz gegeben ist, bei dem grössern Theile unsrer Brüder zu unterdrücken, oder ihm alles zu nehmen, wodurch er sich legitimiren kann, alles, wodurch er das zu werden im Stande ist, was er werden soll?

Ihr sagt, die allgemeine Freiheit der Vernunft sey eine verheerende Freiheit! Sie reisse Vorurtheile nieder, ohne eine Wahrheit an ihre Stelle zu setzen.

Ist es denn nicht Wahrheit, dass diese Stelle leer ist? Aber auch das sey ein Irrthum! Das Vorurtheil sey Wahrheit, nur habe der menschliche Geist, bei seinem bisherigen Gange und dem selbst erstiegnen Grade seiner Bildung, keine Gründe, für Wahrheit zu erkennen, was für falsches Vorurtheil zu halten er genugsame Gründe hat. Nun so lasst — (denn wer ist hier Richter der letzten Instanz, wenn es nicht die eigne Vernunft jedes Menschen bei ihm selbst ist?) — lasst das ewige Ringen der Vernunft mit Irrthümern, die sie bald zu Boden wirft, bald wieder aufhebt und gegen sich selbst bewafnet, — lasst dies Ringen euch für Wahrheit gelten! Ehret diesen Streit als die höchste Bestimmung unsers Geistes in dem Lande der Bildung, in der Schule des Himmels; und macht ihr, die ihr euch hier Lehrer zu seyn dünkt, macht ihr nicht selbst euren Schülern die
Pro-

Probearbeiten, nach denen sie einst beim grossen Examen ihre Versetzung erwarten.

Gott ist kein König, dem uniformes Wesen gefällt, wenn irgend etwas besseres darunter leiden muss., das keiner Uniform fähig ist. Instinkt und blinder Glaube ist Uniform des Geistes. Jener erniedrigt das Thier unter den Menschen, und dieser — — erhöbe etwa den Menschen über den Engel? nein, würdigt den Menschen unter das Thier hinab. Lasst doch eure Brüder, die der ungerechte Zufall in der sichtbaren Welt hinter euch zurückwarf, lasst sie doch in der Welt der Geister neben euch stehen, wo sie Gott hinstellte!

Ihr Unbarmherzigen, ihr Menschenfeinde, ihr falschen Christen, sagt nicht, dass ihr euren Gott achtet, wenn ihr sein Ebenbild mit Füssen tretet, verbergt euch nicht mit eurem theologischen Geschoss hinter die Ruinen einer menschenfreundlichen, menschenachtenden Religion, die eure Vorfahren dem Teufel zur Freude niederrissen: — diese Ruinen, diese eure Schutzwehr wird über euch fallen, und euch zerschmettern. —

Aber freilich lacht ihr kalt über den Schwärmer, ihr, die ihr den Eifer für das Gute nur auf den Kanzeln und Rednerstühlen verzeiht, und bei genauer Prüfung eures Innern finden würdet, dass ihr in der Tugend nichts als den schönsten Gegenstand einer Poesie, einer Predigt, eines Trauerspiels oder eines Gespräches bei Mondschein achtet. Ihr, die ihr von Brudergleichheit und Bruderliebe und von der Kindschaft bei Gott so viel Schönes und Rührendes in euren Kirchen und Logen daher singt und daher betet, ohne daran zu denken, dass, wenn auch hier Zeit und Ort euren Gesang nicht Lügen straft, (denn jetzt freilich singt und betet ihr) doch euer Leben diese Gesänge verhöhnt, und dass eure Zweideutigkeit und Inconsequenz sichre Zeichen eines geschwächten Kopfes oder eines verdorbenen Herzens seyn. O, ihr — wie soll ich sagen — abscheulichen oder bedaurenswerthen Menschen? eure Tugend, eure Religion, die ihr über alle Güter der Welt und über alle Erdenweisheit erhebt, hofmeistert ihr zugleich durch das sittliche Unding, was ihr Politik nennt.

Ihr sagt, es ist aus politischen Gründen jedes Wie und Wann mit in Rechnung gebracht, nicht möglich, den gemeinen Mann aufzuklären; er würde schlechterdings sein eignes und der ganzen menschlichen Gesellschaft Wohl und Glück zerstören. Man muss seinen Geist in Fesseln halten, da sein Körper so stark ist, man muss ihn nicht über sein thierisches Ich hinauslassen, sondern ihn ganz eng in den letzten Bedürfnissen dieses Ichs eingekerkert halten!

Nun, so kann es denn nicht wahr seyn, dass die Übung und Bildung unsers Verstandes und unsrer Vernunft unsre gemeinschaftliche Pflicht ist; kann nicht wahr seyn, dass Verstand und Vernunft die anerschaffne Würde des Menschen ausmachen; kann nicht wahr seyn, dass die Ausbildung unsrer Seelenkräfte noch in der andern Welt auf unsre Bestimmung Einfluss hat; kann nicht wahr seyn, dass es noch eine Welt der Geister giebt, für welche wir uns hier vorbereiten und bilden; kann nicht wahr seyn, dass wir uns von Gottes wegen als Brüder lieben sollen; kann endlich nicht wahr seyn, dass wir das grausame Werk eines guten Gottes sind: und so fällt unter den Dolchstichen eurer Politik — die Moral und die Religion, — Gott und Unsterblichkeit!

Zwei Wege nur sind hier möglich.
Gesteht: eure Politik allein, so wie sie
jetzt ist, sey das Übel der Welt; gesteht,
dass, da es einen Gott giebt, es schlechterdings auch Mittel geben müsse, durch
welche die Aufklärung, der eigne freie
Gebrauch der Vernunft (des einzigen Gott-
ähnlichen in unsrer Natur) für den Frieden und das Wohl Aller könne unschäd-
lich gemacht werden; — gesteht, dass es
nur am schwachen Auge, oder am bösen
Willen der Suchenden lag, wenn diese
Mittel, solang die Welt steht, noch von
keinem Priester, keinem Fürsten und keinem Weisen entdeckt und angewendet
wurden; — gesteht, dass ihr, auch beim
jetzt noch unabgeholfnen Mangel dieser
Mittel, nicht das Recht, viel weniger die
Pflicht habt, die Vernunft unterdess ein-
zukerkern, oder die Aufklärung zu hem-
men, da ihr ja zum schnellern Finden
dieser Mittel doch wohl nichts anders, als
eben auch die Vernunft braucht, und da
von Gottes wegen, und mit Rücksicht auf
eure Bestimmung in jener Welt, die freie
Äusserung und Übung dieses Vorzuges
unsrer Natur, euer höchstes Glück seyn,
oder werden muss, auch wenn darüber
die zu sehr gepriesne Ruhe und Ordnung
dieser Welt, und der frohe Genuss an-

drer Glücksgüter zu Grunde gehen sollte; — gesteht dies: oder tretet auf, und läugnet die Würde eurer Natur; läugnet eure höhere Bestimmung; läugnet eure Brüderschaft mit allen Menschen; spottet über Jesum Christum, der zu einem Haufen gemeinen Volkes von der Gottähnlichkeit sprach; gehet hin, und macht eure Tempel zu Bastillien, und eure Logen zu Folterkammern; seyd öffentlich, was ihr heimlich seyd; — bekennt in Worten, was eure Thaten schreien: ihr seyd Menschenfeinde und Gotteslästrer!

III.

Etwas gegen die Franzosen,

wodurch der Verfasser, nach seinem besten Vermögen, diese Nation lächerlich zu machen sucht.

Es giebt wohl schwerlich eine heilsame Arzenei, selbst das klare Wasser mitgerechnet, die nicht in den Händen eines Charlatans oder eines alten Weibes Gift werden könnte. Die medicinische Polizei kündigt daher mit allem Recht den Charlatans und den alten Weibern den Krieg an, aber die Arzenei selbst wird sie uns nicht verdächtig machen. Wer die Patienten aufzählen wollte, die auf jene Art, an den allerbesten Arzeneien eines unnöthigen Todes gestorben sind, müsste eine ungeheure Summe herausbringen. Meines Erachtens würde sie noch die Anzahl derer übersteigen, welche für das Christenthum, für den Protestantismus, für die Idee einer gesetzmässigen Freiheit, für jeden alleinseligmachenden Glauben, für jedes göttliche Recht der Fürsten, das mit einem eben so göttlichen Recht anderer Fürsten einen blutigen Dispüt führte, — — Hab und Gut, Leib und Leben, theils freiwillig dahingaben, theils dahingeben mussten *). Warlich für die eben genannten herrlichen Dinge, für Wahrheit und Recht, für den bequemen

*) Mitgerechnet alle die Tausende, die einer Ohrfeige, einer falschen Titulatur, eines beissenden Einfalls wegen zur Schlachtbank geführt wurden, und denen der zu volle Becher ihres Fürsten, das Versehen seiner Hofkanzelei, oder sein Talent zu Epigrammen eben so theuer zu stehen kam, als jetzt z. B. den Franzosen ihre höchsteigenen Freiheitsgrillen.

Beiläufig! Der neuste Türkenkrieg opferte in einem Spiel, wo am Ende die entrirenden Mächte nichts weiter verlohren, als die 600000 (schreibe sechsmal hundert tausend) lebendigen Karten, welche bei dieser Gelegenheit unter den Tisch fielen, — opferte für eine politische Unrealisirung mehr Menschen auf, als bis jetzt noch die Franzosen für ihre Freiheitschimäre aufgeopfert haben. Der Unterschied ist etwa der, dass vor Ismael die Menschen in Hosen müssten todtgeschlagen werden, und dass sie sich vielleicht bei Maynz ohne Hosen werden todt schlagen lassen. Sonst aber möchten C. und D. zusammen schwerlich so viel Menschenleben auf ihrem Gewissen haben, als der selige Potemkin.

Irrthum, für den blinden, obgleich künstlich erworbnen Instinkt des viel belobten Esprit de Corps (der auch zuweilen Vaterlandsliebe, u. d. g. heisst, und den die Schaafe, wenn sie französisch sprächen, Esprit de troupeau nennen würden) sind von jeher die abscheulichsten Dinge verübt worden, die alle abscheulichen Auftritte sogar der jetzigen Französischen Revolution weit hinter sich zurücklassen. Indess ist die christliche Religion doch göttlichen Ursprungs und wohlthätiger Wirkungen, eine gesetzmässige Freiheit doch ein Glück, der seligmachende Glaube dennoch ein Trost, und das Recht der Fürsten bleibt ewig wahr und heilig.

Wie gerecht, wie unterrichtet in der Historie, kurz wie aufgeklärt wir heut zu Tage sind, ergiebt sich aus der Mässigung, mit welcher wir gegen die Neufranken zu Werk gehn. Wir schlagen sie selbst zu Tausenden nieder, aber ihren vorgegebnen guten Zweck tasten wir nicht an; ihre meisten Grundsätze verehren wir, und haben sie längst verehrt *). Gleich

---

*) Man lese nur die Freiheitslieder von neuem, die wir in unsrer letzten Bardenepoche mit so vielem Beifall lasen, und die wir wohl noch heute bei unserm Freudenbecher anstimmen;

dem bekannten Prüfungsgenius, der den
Hiob plagte, verstümmeln wir zwar den
Leib und die Glieder der Französischen
Revolution, aber wir schonen dabei ihres
wahren Lebens; d. h. wir wollen sie nicht
widerlegen!

Diese feine Distinction zwischen dem
an sich guten Dinge und dem falschen Gebrauch macht uns Ehre.

man lese nur die heroischen Opern, in denen
die alten Griechen und Römer vom Freiheitsgeiste und von gestürzter Tyrannei, unter deren
Trümmer der heldenmüthige Patriot sich selbst
begräbt, so viel Schönes, Erhabnes und Rührendes, sogar in die belustigten Ohren unserer
Könige sangen: ja man lese endlich die vorzüg-
lichsten Weissagungen der alten Propheten auf
die republikanischen Zeiten des Christenthums,
und hundert Predigten über die christliche Bruderliebe, Brudergleichheit und Kindschaft bei
Gott, — und sage dann, ob wir im todten
Buchstaben nicht längst eben den Gesin-
nungen und Lehren den lautesten Beifall geschenkt haben, welche die Neufranken jetzt nur
in einer andern Form aufstellen. Es giebt hundert Bücher und Bücherchen, in denen ein ähnlicher Geist athmet, und welche doch dem Autor, durch die vorangesetzte Dedikation an ein
fürstliches Haupt, die besondere Huld dieses
Hauptes gewannen, und Friedrich der Grosse
selbst hat in seinen Schriften Grundsätze *ge-
äussert*, welche Voltair *hatte*, und die
Französische Nation ins Leben einzuführen bemüht ist.

Warlich, der vorgespiegelte Zweck der Franken (die Freiheit jedes Individuums, in so fern sie der *Begriff* eines Staats zulässt, im gegebenen Staate zu realisiren) verdient, wenn wir die Politik nicht über Moral und Religion erheben, unsre höchste Achtung. Denn, wenn auch freche Sünder im National-Convent aufstehen, die Religion und Gott mit dem Munde zu lästern; so sprechen doch die Ideen, an deren Realisirung sie arbeiten, Freiheit, Gleichheit, — weit kräftiger für den christlichen Glauben, für seine Lehren von einem Gott, der aller Menschen Vater ist, und von einer allgemeinen Brüderschaft — als noch jemals die Ideen eines politischen Kopfes, an dem nur die Zunge christlich war, für Gott und Religion gesprochen haben.

Die armen Franken übersehen nur, dass ihr letzter Zweck (ein Theil des Zwecks Christi) ein unausführbares Ideal ist, nicht weniger unausführbar, als der ganze Zweck der Religion Jesu, die in der Moral auf die genauste Vereinigung der Theorie mit der Praxis dringt (wie man deutlich erkennen wird, wenn man nur das 5te und 7te Kapitel im Matthäus aufmerksam lesen will). Sie meinen noch

immer, was man von Rechts wegen thun
soll, das müsse man auch wirklich zu
thun versuchen und wieder versuchen,
und müsste man darüber zu Grunde gehn.
Nicht anders spricht freilich Christus,
wenn er von der Realisirung seines Ideals
und von der Propagation seiner Lehre
redet. Er sagt nämlich in dem 10ten Kapitel Matthäi, (welches meines Erachtens
den Franzosen ein sehr wichtiges Kapitel
seyn sollte) er sagt:

»Es wird ein Bruder den an-
»dern zum Tode überantworten,
»und der Vater den Sohn, und
»die Kinder werden sich empö-
»ren wider ihre Eltern, und ih-
»nen zum Tode helfen. Und
»müsset gehasset werden von je-
»dermann, um meines Namens
»willen. Wer aber bis ans Ende
»verharret, der wird selig. Wenn
»sie euch aber in einer Stadt
»verfolgen, so fliehet in eine
»andere. Was ich euch sage in
»Finsterniss, das redet im Licht,
»und was ihr höret in das Ohr,
»das predigt auf den Dächern. —
» — — Ihr sollt nicht wähnen,
»dass ich kommen sey. Friede

„zu senden auf Erden. Ich bin
„nicht kommen Friede zu sen-
„den, sondern das Schwert. —
„—— Wer aber Vater oder Mut-
„ter mehr liebet, denn mich, der
„ist mein nicht werth. Und wer
„Sohn oder Tochter mehr lie-
„bet, denn mich, der ist mein
„nicht werth. Und wer nicht sein
„Kreuz auf sich nimmt, und fol-
„get mir nach, der ist mein nicht
„werth!«

In dieser Rücksicht sind die Franzosen die thätigsten Christen von der Welt, ohne selbst es seyn und ohne es scheinen zu wollen. Ihre Einfalt würde unserer Religion mehr Ehre machen, als alle Klugheit der Kinder dieser Welt, die aber auch nur unter ihrem Geschlechte klug sind, hätten sie nur dabei den rechten Wort- und Zungenglauben. Sie sterben warlich auf eine dem Geist des Christenthums angemessene Art und zwar selbst für praktische Lehren eben dieses Christenthums: doch ach, die eitlen Sünder, sie denken auf ihre eigne Weise und für eigne Ideen zu sterben. Genau betrachtet, leiden sie jetzt also um einer dogmatischen Wahrheit willen, nämlich der Gnadenwirkung des h. Geistes, welche sie nicht erkennen, da sie vielmehr von ihrem eignen Verdienste reden.

Doch nein, für die dogmatische Theologie haben wir keine Heere mehr; und mögen die Franken doch ihre Ideen und Grundsätze aus der Bibel zusammentragen, oder aus dem Voltaire entlehnen, wenn diese nur recht und gut sind, so sind ja wenigstens — recht und gut.

Aber — und hinc illae lacrymae! — wie fangen sie es an, ihre Lehren ins Leben einzuführen? Zerstört nicht die seit einem Jahr ausgeartete Revolution eben das, was sie bauen will, die gesetzliche Freiheit?

Ja, die Thaten der republikanischen Franzosen streiten bis jetzt noch, so weit wir sehen können, gegen ihre eigne aufgestellte Absicht *); sie handeln gerade

---

*) Sie sagen zwar, was, wo ich nicht irre, Börhave sagt: ein künstlich verursachtes Fieber ist oft das einzige Mittel, gewisse Patienten gesund zu machen, oder sie gar vom Tode zu retten. Darum, meinen sie, müssen die Anverwandten

so, als hätten sie ganz das Gegentheil derselben zu ihrem wahren Zweck, und als wollten sie uns durch ihre gleisnerischen Worte blenden, damit wir die Greuel ihrer Thaten nicht sehen, oder dieselben doch wegen der versprochnen, grossen und heilsamen Folge gut heissen mögen.

Es ist die Frage, ob Einfalt oder Bosheit die Ursachen dieser Disharmonie sind? Aber was geht uns das an? Wir haben Macht, sie zu richten, und wir richten sie, billig genug, nach ihrem eignen Gesetz.

Sie sollen in den ersten Jahren ihrer Freiheit consequenter werden, als die

eines solchen Patienten kein Zetergeschrei über den Arzt verführen, sondern das Fieber als Mittel, nicht als Zweck ansehen. Auch könnten sie hier, wie schon oben, Jesum Christum anführen, der da spricht: (Johann 12, 24.) Es sey denn, dass das Waizenkorn in die Erde falle und ersterbe, sonst bleibt es allein: wo es aber erstirbt, so bringt es viel Früchte. — Doch haben wir darauf gar nicht zu hören, denn auch der Teufel liebt dergleichen Bilderautorität, und wollte einmal den wahren Gott selbst durch den Ausspruch des wahren Gottes verführen.

Christen in beinahe viermal so viel Jahrhunderten ihrer Existenz geworden waren, nämlich zu der Zeit, da ihre Fürsten noch für die Propagation des Glaubens fechten liessen, um bei dieser Gelegenheit ihre eigne Herrschaft zu propagiren.

Der Christen Constitutionsbuch redet, wie bekannt, von Menschen- und Bruderliebe, — Duldsamkeit, Aufopferung, Armuth u. s. w. sie selbst aber gingen hin, raubten, plünderten, mordeten sich unter einander, verübten alles, was Greuel heisst, alles, was den Fluch des besten Menschen bei ihm selbst verzeihlich macht, was einer Höllenmarter den Schein einer Gnadenstrafe geben könnte, und zwar auch, wie sie sagten, aus lauter christlicher Liebe und Barmherzigkeit, ganz nach den Gesetzen ihrer göttlichen Constitution, zu Gottes Wohlgefallen und zur Erkämpfung der ewigen Seligkeit. Hätten sich die heidnischen Staaten damals, wie jetzt die Antifränkischen, mit einander verbunden, hätten sie eine combinirte Armee ins Feld stellen können, die sich gegen die Christenthumsgarde verhalten hätte, wie jetzt die Österreichischen und Preussischen Heerschaaren sich gegen die unpardonnirte Nationalgarde der Franken; warlich das Christenthum wäre ausgerottet worden, wie künftig der Jacobinismus.

Zu Anfang des **sechzehnten** Jahrhunderts soll man auch wirklich folgende Clamation in den Peruanischen Zeitungen gelesen haben.

Aufforderung zur Fortsetzung des Krieges gegen die Christen *).

»Enthüllet stehen sie da, die
»bluttriefenden Grundsätze der
»christlichen Ruhestöhrer! Die
»süssen Worte: wahrer Glaube,
»Kind-

―――――――

*) In den Teutschen Zeitungen dieses Jahres stand ohnlängst unter dem Titel: Regensburg vom 9. Februar, eine Aufforderung zur Fortsetzung des Krieges gegen die Franzosen. Sie scheint eine Parodie der eben angeführten Peruanischen zu seyn. Zum Vergleichen beider folgt hier der Anfang der Regensburgischen. Eine sehr wichtige Stelle hat der Parodeur, wie man finden wird, ganz und gar übersehen.

»Enthüllet stehen sie nun da, die bluttrie-
»fenden Grundsätze der Französischen Ruhestö-

»Kindschaft und Brüderschaft
»der Götter, ewige Seligkeit
»aus Gnaden deckt nicht den
»Abgrund, der sich unter unsern
»Füssen öffnet, und dieses Jahr
»ist vielleicht, wenn nicht jede
»Kraft angespannt wird, das letz-
»te, in dem wir unsre Kinder an

»rer! Der süsse Name von Freiheit, von Gleich-
»heit deckt nicht mehr den Abgrund, der sich
»unter unsern Füssen öffnet, und dieses Jahr ist
»vielleicht, wenn nicht jede Kraft angespannt
»wird, das letzte, in dem wir unsre Kinder
»an unsre Brust drücken, in dem wir in unsern
»Hütten sicher wohnen, und die Tröstungen
»geniessen können, die der öffentliche Dienst
»des Höchsten bisher in unsere Seelen goss.
»Diese bangen Ahndungen sind keine eitlen
»Schreckbilder. Heftet, Mitbürger, eure Blicke
»auf die Teutschen Gegenden jenseit des Rheins!
»Zahlreiche Schaaren fanatischer Verfechter ei-
»ner eingebildeten Freiheit haben jene sonst so
»glücklichen Gegenden ausgesogen; sie haben
»den wurzellosen Freiheitsbaum aufgerichtet,
»während sie eurer Mitbürger Habe nahmen;
»sie haben es sich zu einem Gesetz gemacht,
»jedem Volk, das ihr Schwert erreichen kann,
»ihre — der Religion und der bürgerlichen Ord-
»nung den Umsturz drohenden — Lehren aufzu-
»dringen, und dasjenige als Feind zu behandeln,
»das seinem Fürsten, seinen Gesetzen treu blei-
»ben würde, und dies ist die Freiheit, die sie
»uns so sehr anrühmen.«

S

»unsre Brust drücken, in dem
»wir in unsern Hütten sicher
»wohnen, und die Tröstungen
»geniessen können, welche der
»Dienst unsrer erhabnen Gott-
»heit bisher in unsre Seelen goss.
»Diese bangen Ahndungen sind
»keine eitlen Schreckbilder. Hef-
»tet, Peruaner, eure Blicke auf
»die Nördlichen Gegenden un-
»sers Welttheils, auf das unglück-
»liche Mexiko. Seht dort die
»verheerende Kriegsschaar fa-
»natischer Verfechter eines al-
»leinseligmachenden chimäri-
»schen Glaubens!

»Die Spanier (so nennen sie
»sich) haben bis jetzt die Mexi-
»kaner nicht gekannt; die letz-
»ten sind nicht etwa seit grauen
»Zeiten schon die Erbfeinde der
»erstern gewesen; der Mexika-
»nische Kaiser hat nicht etwa
»seine Kriegsheere, unter irgend
»einem verdächtigen Vorwande,
»an die Grenzen seines Landes
»zusammengezogen; (doch wenn
»er's hätte, welche Gefahr dürf-
»ten die Christen befürchten, da

"das Weltmeer, unsre und ihre
"Region trennt; und da wir we-
"der schwimmende Häuser, noch
"Donnerröhre haben, wie sie?)
"auch hatte noch nie der Mexi-
"kanische Hof auf eine wieder-
"holte Anfrage des Spanischen
"über Freundschaft, Feindschaft
"oder Neutralität, — eine zwei-
"deutige und unsichre Antwort
"ertheilt, und zwar, schon aus
"dem einzigen Grunde, weil die
"Spanier noch nie auf den Ein-
"fall gekommen sind, bei uns
"über irgend etwas anzufragen:
" — dennoch überfallen sie das
"ungewarnte, das wehrlose Volk,
"und greifen es an mit Feuer und
"Schwert.

"Jene sonst so glücklichen
"Gegenden haben sie ausgeso-
"gen, geplündert, ihre Bewoh-
"ner zu Sklaven gemacht, die
"Majestät des Monarchen ge-
"schändet, das Wort, dem er trau-
"te, auf die ehrloseste Weise ge-
"brochen, trotz seiner Unschuld
"ihn auf die schändlichste Art
"zum Tode verdammt: das Blut

"der Erschlagenen fliesst auf
"verödeten Gefilden, und in dies
"Blut, und in diese zertretnen
"Erndten haben sie nun ihren
"himmlischen Freiheitsbau, ihr
"wurzelloses Kruzifix gepflanzt.

"Sie haben es sich zu einem
"Gesetz gemacht, jedem Volk, das
"ihr Schwert erreichen kann,
"ihre, unsrer Religion, aller
"Zucht und Ordnung, allen Ge-
"setzen, und selbst der Mensch-
"lichkeit den Umsturz drohen-
"den — Lehren aufzudringen,
"und jede Nation, die ihren Vä-
"tern, ihren Gesetzen und ihren
"Göttern getreu bleiben will,
"als einen Feind der Erde und
"des Himmels, als eine von Göt-
"tern und Menschen verworfne
"Kreatur zu behandeln.

"Dies sind die Tugenden, dies
"die Erlösung des Menschenge-
"schlechts vom Zorn der Gott-
"heit, dies der versöhnende und
"seligmachende Glaube, den ih-
"re Priester mit der Heftigkeit
"eines Verrückten uns anzuprei-

»sen sich unterstehn: so rein
»waschen sie sich im heiligen
»Bade ihrer neuen Geburt.

»O lasst euch nicht blenden,
»ihr armen Peruaner, lasst euch
»nicht blenden durch ihre Wor-
»te, ihr seht den bösen Willen
»in ihren Greuelthaten,

»O sie werden euch die ewi-
»ge Freiheit verheissen, indess
»ihr Sklaven seyn müsst ihrer
»Habsucht; sie werden euch ver-
»weisen auf die reichen Güter
»ihres Himmels, indess sie mit
»der Gierde des Heishungers
»eure irrdischen Schätze rau-
»ben; sie werden euch zurufen,
»dass durch das göttliche Blut
»ihres Weltheilandes aller Men-
»schen Leben theuer erkauft
»sey; dennoch werden sie euch
»zu Tausenden abwürgen, wenn
»ihr, um eure Blösse zu decken,
»tragt, womit sie sich schmük-
»ken wollen, wenn ihr vor Hun-
»ger esst, wornach ihrem Gau-
»men gelüstet, wenn ihr ein
»Weib habt, das euch treu blei-
»ben will, und wenn ihr eure

„Kinder an's Herz drückt, auf
„welche schon der hungrige Hund
„eines Spaniers die gierigen Au-
„gen gerichtet hat.

„O dass ich durch diesen Zu-
„ruf euch allen, ihr armen, ihr
„unglücklichen Peruaner, dass
„ich euch allen, meine Brüder,
„durch diesen Zuruf den verei-
„nenden, für Tugend und Recht,
„für das Vaterland und die Göt-
„ter Leib und Leben aufopfern-
„den, Heldenmuth einhauchen
„könnte, der endlich die feige
„und hinterlistige Kriegskunst
„jener entlaufnen Rotte zu Bo-
„den treten wird! Hört es noch
„einmal: die Christen verspot-
„ten unsre Sitte, sie zerstöhren
„unsre graugewordnen Einrich-
„tungen, sie höhnen unsre Tu-
„gend, sie verdammen unsre
„Väter, sie schänden unsre
„Jungfrauen, sie spiessen unsre
„Säuglinge, sie stürzen unsre
„Tempel ein, und fluchen un-
„sern Göttern: — und, das, *das,*
„sagen sie, ist ihre *Pflicht,* das
„ihre *Religion!*"

Doch wie kann ich fortfahren, diese Lästerungen abzuschreiben. Der Peruanische Clamator geht, wie man sieht, darauf aus, die ganze christliche Religion durch die Dummheit und Bosheit einiger ihrer Anhänger verächtlich zu machen und sie dem Abscheu aller Gutdenkenden, aller Menschlichgesinnten Preis zu geben. Der Regensburgische Parodeur aber bittet am Ende blos um eine kleine Beisteuer zu den Kriegskosten. Der Peruanische Zeitungsschreiber hat, wie die Geschichte lehrt, Peru nicht gerettet: sollte Teutschland von seinen westlichen Erbfeinden befreit werden; so wird dies ganz gewiss auch der Regensburger mit seiner Parodie nicht gewirkt haben.

Wenn diese nicht mit dem Werth einer Pränumerationsanzeige sich begnügen will, wenn sie glaubt, sie habe den Geist der Französischen Revolution angetastet, und die Grundsätze derselben erschüttert, sie habe irgend etwas gesagt, wodurch der Irrthum oder das Unrecht in den *politischen Dogmen* der Neufranken in ein so helles Licht gestellt sey, dass jetzt jeder brave Teutsche, der mit Vernunft ein Patriot ist, die Französische Freiheits- und Gleichheitslehre an sich

verachten, hassen und an seinem Theil
zur Ausrottung derselben sein Gold oder
Silber oder sein eignes Blut dahingeben
werde: so hätte der Verfasser derselben
beinah eben so sehr geirrt, als der unlogische Peruaner, und wäre überdies kein
aufrichtiger und wahrer Anhänger Jesu.

Nein, Ihr wahren, Ihr vernünftigen
Patrioten, noch mehr aber Ihr wahren
und rechtgläubigen Christen, Ihr, die Ihr
einseht, dass die Moral und Religion über
alle Politik erhaben, in einem sogenannten christlichen Staate entehrt wird, wenn
wir sie in die Hörsäle oder in die Kirchen
zurückweisen, und die Staatscabinetter
vor ihnen zuschliessen, wenn wir ihre
Lehren nur in der Bibel, im Katechismus
und in der Predigt noch dulden, und
über sie spotten, so bald sie der Staats-
Politik ihre Grenzlinie und allem positiven und allem bisher sogenannten Naturrecht das Fundament im Rechte der Menschen geben will. — o Ihr Christen, Ihr
durch das Blut eures Erlösers pragmatisch
sanctionirten Erben eines Himmelreichs,
wo der theoretische Jacobinismus *) in ei-

---

*) Unter Jacobinismus versteh ich die göttliche
und christliche Lehre von Freiheit und Gleichheit: ob sie praktikabel oder nicht sey, geht

ner ewigen Praxis realisirt werden soll! — greift nicht, so werth euch euer Glaube an einen Gott, in dessen Augen alle Menschen Brüder sind, so werth euch die Tugend, so werth euch die Begründung eurer Hoffnung auf das Leben einer bessern Welt ist, — greift nicht die aufgestellten Grundsätze der Fränkischen Revolution, — greift nur die Thaten, die missglückten Versuche, oder die Bosheit derer an, die gegen ihre eigne Lehre: Freiheit und Gleichheit, so gröblich sündigten, dass sie ihre Gesetze fremden Völkern aufdrangen, dass sie manchen Bürger und unter andern auch ihren König *ohne Gesetz* (*ohne Gesetz*, sag' ich) und ohne Beweis der Übertretung durch eine erkaufte Pluralität zum Tode verdammten. Das, und das allein sind die einzigen wahren Verbrechen der Neufranken! Sie haben sie zunächst gegen sich selbst begangen, es sind Versündigungen gegen

---

mich hier nichts an. Die Praxis der Jacobiner verabscheuet meine ganze Seele; sie ist, wie ich schon gesagt habe, eben so abscheulich, als die Praxis der ersten Spanischen Christen in Amerika. Gott erhalt uns den vernünftigen Jacobinismus, neben dem vernünftigen Christenthum, wenn auch nur — als Theorie.

ihr eigenes Gesetz. — Bei hundert
Völkern von einer andern Constitution
wäre dies leider nicht einmal der Fall;
denn die meisten haben hierüber kein Gesetz.
Deswegen drang denn auch von jeher
der mächtigere Staat dem schwächern,
den er besiegte, seine Einrichtungen samt
dem Tutor derselben, bald mit dem
Schwert, bald durch Hinterlist auf, und
keine politische Seele wunderte sich über
diese Gewaltthätigkeit, besonders wenn
das Manifest der Sieger von Huld und
Gnade, und von der Absicht redete, die
eroberte Nation in eine glücklichere Verfassung
zu setzen. Aus gleichem Grunde
war es auch in manchen Staaten eine alltägliche
Sache, dass der Gang des Rechts,
zwar nicht durch eine erkaufte Pluralität,
aber, auf eine gleich ungerechte
Weise, durch einen Machtspruch des
despotischen Monarchen unterbrochen
wurde.

Doch cui bono alle diese Bemerkungen?
Es ist überflüssig, über Wahrheit
und Recht zu reden, wenn man das
Schwert gezogen hat, und keiner der
Streitenden ein Ohr hat, etwas anderes
zu hören, als: eingehaut! So bald
bei dem Forum der Kunst, der Stärke

oder des Glücks die Sache der Wahrheit anhängig gemacht worden; so hat sich diese profanirt und , ihre Natur verändert: kurz, da giebt es keine Warheit mehr.

Die Kunst entscheidet für den Künstler, die Stärke für den Stärksten, das Glück für den Glücklichen, für die Wahrheit entscheidet allein die Prüfung friedlicher Weisen. Man kann für die Wahrheit und für das Recht streiten, man kann für sie bluten und sterben, aber kein Sieg, kein Blut und kein Märtyrertod kann sie besiegeln.

Nein, auch dieses Blatt hat nicht die thörichte Absicht, das Recht zu widerlegen oder zu beweisen, das schon seine Zuflucht zur Kunst und zur Stärke genommen hat. Wenn nur erst der Krieg durch eine gänzliche Niederlage des Ohnmächtigen und eine *daher* entspringende Unterwerfung wird beendigt seyn; so werden wir denn doch, ohne hierüber irgend ein andres Blatt zu lesen, als das Publikandum des Siegers, mit einer Art von Überzeugung wissen, und es, wenigstens auf einige Jahre, laut sagen können, auf welcher Seite der König aller Könige selbst mitgestritten; und welche Parthei durch ihr Te Deum bei einzelnen gewonnenen Schlachten, den Namen Gottes profanirt und zum Spiel gemacht habe: und hieraus würde sich denn, wenn man consequent seyn will, auch das Recht und Unrecht beider Partheien ergeben. (So war z. B. Gott ohnstreitig auf Ludwigs XIV. Seite, da dieser einen Theil von Teutschland eroberte und selbst die vormals freien Reichsbürger der Krone Frankreichs die Erbhuldigung schwören mussten.)

Bei dem jetzigen Kriege mit den Franzosen aber lässt sich nicht einmal über den Antheil, den Gott selbst daran nimmt, etwas Gründliches sagen. Niedergemetzelt wird auf beiden Seiten, beide Partheien sprechen, dass sie einen Defensiv-Krieg führen, beide Partheien erobern und räumen wieder, was sie eroberten.

Aber trösten, trösten sollte man die geängstigte Menschheit, die, ohne im Donner und Feuer des Kriegs für die Schrecknisse desselben betäubt und erblindet zu seyn, sie aus stiller Ferne ahndungsvoll ansehen muss; — trösten, sag' ich, ohne ihre Gemüther gegen irgend

eine im Schauspiel auftretende Parthei
durch öffentliche religiöse oder politische
Ketzerbullen zu erbittern. Wo der wahre
Knoten des jetzt so blutigen Missverständ-
nisses liegt, mag der Erbitterte schwerlich
entdecken.

So lasst Euch also, Ihr, die Ihr über
das jetzige Elend der Neufranken aus
menschenfreundlichen Gründen betrübt
seyd, lasst Euch, so gut es gehn will, mit
der Vorstellung trösten, dass es in der
Welt noch niemals besser, oft sogar
noch ärger zugegangen ist, als jetzt.
Glaubt — ich bitt' Euch! — es sey Plan
der Vorsehung, es sey Bestimmung des
Menschen auf dieser Welt, dass wir immerdar in Kampf und Streit leben. Was
wir dabei gewinnen, ist Übung der Kraft,
ist Thätigkeit, deren Ziel die Arbeiten
der andern Welt seyn werden.

Sagt, wer von den kriegführenden
Mächten hatte denn im siebenjährigen
Blutvergiessen unrecht? Keine Repu-
blik, kein Jacobiner! es war ja ein
Streit unter Fürsten. War das Recht
auf der Seite Friedrichs des Einzigen; so
wurden ja alle Franzosen, die von der
Armee der Alliirten, und bei Rossbach,

alle Österreicher, Russen, Sachsen und
Schweden, die unter dem Schwert der
Preussen ihren Geist aufgaben, für das
leidige *Unrecht*, und zwar für das Unrecht **ihrer Fürsten**, nicht einmal
für ihr **eigenes** abgeschlachtet.

Schalten denn die Österreicher (**Verfechter des Unrechts**) schalten sie
damals weniger auf die Preussen (**Vertheidiger der Rechte ihres Königs**) als jetzt die combinirten Mächte
auf die Nation der Neufranken, welche
auch damals, zu Gunsten der Österreicher, Jammer und Elend, theils verursachen, theils erdulden mussten, obgleich
sie noch eine königlich französiche Nation zu nennen war. Gab es nicht auch
in jenem Kriege Manifeste beider Partheyen, die das himmelschreiende Unrecht
des Gegners aller Welt vor Augen legen
sollten? Waren die Anhänger der Kaiserin in ihren Gegenschriften nicht ungesittet genug, obgleich sie eine Monarchie
und keine freiheitswüthige Nation vertheidigten?

Wurden nicht auch damals die Menschen gegen einander gehetzt, wie die wilden Thiere? Riefen nicht auch damals in

der Hitze der Schlacht die sonst nicht
unbrüderlich gesinnten Österreicher und
Preussen, — riefen sie nicht gegenseitig:
haut sie nieder die H--de, die Preussen! — haut sie nieder die Be**en,
die Österreicher!

Die Schlachtscenen waren deswegen
nicht weniger grässlich, die Verheerungen
nicht weniger grausam, das Unglück aller
friedlichen Bewohner der vom Feinde be-
zogenen Länder nicht geringer, weil Fürsten die Helden dieses Trauerspiels waren, und weil man sich für Projekte
der Staatspolitik, nicht für Freiheit und
Gleichheit erwürgte. Nein, du gerechter Gott, sie waren eben so grässlich, eben
so unsrer blutigsten Thränen werth, als
jetzt das Elend, welches deine verirrten
Schaafe am Rhein, ohne ihren Hirten, auszustehen haben.

Du weisst es, o Gott, so ungerecht
der Krieg seyn mag, den die Neufranken
in unsern Tagen begonnen haben; sie haben vordem noch ungerechtere Kriege in
dasselbe Land hineingetragen! so wenig
recht und gut sie jetzt bei ihren Eroberungen zu Werke gehen; dennoch ist es
ihr erster Krieg in Teutschland, in dem

sie Menschen bleiben! — ja, noch hat ihr verwirrter National-Convent kein Mandat ergehen lassen, das sich am jüngsten Tage vor jener wohlüberlegten Ordre des Versaillerhofes an den Marschall Contades schämen dürfte: du musst ganz Westphalen zur Wüste machen, und alles ausrotten bis auf Wurzel und Samen! Nein, so hoch stieg ihre Gottlosigkeit noch nicht. — —

Wir mögen es also anstellen, wie wir wollen, wir sind nicht glücklich. Unter dem Zepter der besten Despoten, führen wir eben so wenig ein stilles, ruhiges Leben in aller Gottseligkeit und Ehrbarkeit, wie unter den Gesetzen unsrer eignen Repräsentanten. Auch die erblichen Thronfolger reissen nieder, was ihre Vorfahren bauten, und tadeln eben dadurch ihre eigne Regierungsform, indem sie tacite ihrem Vater oder Onkel falsche Einsicht, zu wenig Geschicklichkeit, kurz unnütze, oder dem Lande schädliche Einrichtungen vorwerfen. Hundert und hundert Könige in alter und neuer Zeit haben eben so unweise, wie jetzt der Convent der Unweisen in Neufranken, Gesetze gegeben, auf deren Beobachtung sie nie mit Ernst hielten, die gelesen, belacht und ver-

vergessen werden *), — oder zu deren
Executirung ihnen von oben her kein
Recht und keine Macht verliehen war. Ja,
eben so von ihrer eignen Leidenschaft,
oder von der Schmeichelei und der Hinterlist ihrer Höflinge abhängig, wie die
Volksrepräsentanten in Frankreich von
ihrem eigenen Interesse, von der Stimme
des Pöbels, und den Bestechungen der
Feinde, — haben deine Stellvertreter,
Väter der Menschen, deine Repräsentanten — ihr armes, sprachloses Volk,
bald im thierischen Hochgefühl der Despotenwuth, mit Ketzeredikten, Banditendolchen und Dragonerschwertern geängstigt, von Heerd und Hütte gejagt,
und zu tausenden, und abermal tausenden nieder gemetzelt, — — bald es
den schändlichsten Greueln einer durch
den Titel der Monarchie von Aussen gesicherten, aber wahrlich kopf- und gesetzlosen Republik, den Kabalen unharmonischer Departementer, und dem heillosen Rechte des Goldes und der Verwandschaft Preis gegeben. O du weist
es, sie waren gar oft Jacobiner im Wol-

---

*) Dies waren gemeinhin solche, bei welchen der
Unterthan allein, nicht aber der Monarch oder
seine Finanzen gewinnen konnten.

T

len und Thun, nur dass sie zuweilen consequenter dachten, wenn nämlich ihre geäusserte Absicht viel schlechter war, als die, welche die Marats und Robertspierre vorspiegeln.

Das alles weist du, o allwissender Gott: aber du hast deine Kinder für diese Welt sich *selbst* überlassen, und unsre Bestimmung auf Erden ist nicht Ruh und Ordnung, ist Kampf und Streit, damit wir unsre Kräfte für die andre Welt üben. Wir sind hier noch in der Schule, nicht schon im Amt.

Hättest du uns zu einer Ordnung geschaffen, wie die ist, mit deren trostlosem Bilde wir abgelockt werden sollen von der selbstthätigen Unruhe, die für die wahre Freiheit, und das wahre Recht der Menschen arbeitet; so wären wir bestimmt, die todten Mobilien deiner Welt zu seyn, — Bilder, die in der schönsten Symetrie an den Wänden deines Schöpfungspallastes hängen, wie sie deine Kastelläne, die Fürsten, hingehängt haben, bis der rostige Nagel bricht, oder der Geschmack des neuen Kastellans sie anders zu hängen für gut findet.

Aber das sind wir nicht, das sollen wir nicht seyn!. So lass uns also, jeder an seinem Theil, jeder nach seiner besten, kältesten Überzeugung für Wahrheit und Recht streiten, und dabei Unruhe und Unordnung, Gefahr und Unglück, Schmach und Tod nicht achten. Es thut nichts, dass unsre Feinde auch für die gute Sache zu streiten vorgeben!— Mögen sie doch so fest davon überzeugt seyn, wie wir vom Gegentheil! Hier ist kein andrer Rath, als Widerlegung oder Streit, in so fern nämlich jeder von uns diesen Streit für eine nöthige Defension ansieht, in so fern wir glauben, aus Pflicht unser Recht vertheidigen zu müssen.

Zieht also, wenn Ihr nun einmal auf ruhige Widerlegung Euch nicht einlassen wollt, nicht einlassen müsst, oder könnt, — zieht immer die Schwerter, kämpft mit einander, es fliesse Blut, tödtet Euch: — — aber, Ihr Brüder, Ihr die in der Schule des Himmels durch Irrthum — weiser, durch Fehler — besser werden sollt, — hasst Euch nicht! Denkt, Ihr tapfern Neufranken, denkt, Ihr Helden meines Vaterlandes, wenn das Schwert von beiden

Seiten gefallen, und der Preusse neben dem Franken, jeder seinen Stahl in des andern Schädel, nieder gesunken ist; so umarmen sich die brüderlichen Seelen über den blutigen Leichen, der Irrthum sinkt von ihren Augen, und sie sind ausgesöhnte Mitbürger einer Welt, — wo Lorbeerkränze blühen für jede That eines guten Willens!

Weh Euch aber, wo Ihr bei Euch selbst überzeugt seyd, dass Ihr die Sache der Lüge und die Ungerechtigkeit vertheidigt, weh Euch, wenn Ihr dann nicht bald Eure Paniere verlasst, und, trotz aller Schande in den Augen der Welt, — geehrt allein von Eurem innern wahren Stolz, — auf die Seite der Gegner tretet; oder, — sollte Eure Überzeugung schwanken, alle Waffen von Euch werft, und lieber unter dem Stock des Treibers, oder den Dragonersäbeln Eurer eignen Parthei den Geist aufgebt, als gekrönt mit Lorbeern über die Leichname der Erschlagenen dahin zieht, von denen Ihr glaubt, dass sie für Wahrheit und Recht gefallen sind. Gott wird uns richten, nicht nach dem Glauben unserer Väter, unserer Priester, unsrer Könige, nein, nach unserer eignen Überzeugung und nach dem thätigen Willen, sie ins Leben einzuführen. **Der brave Mann stirbt für die Wahrheit**, d. h. für seine beste, für seine kälteste Überzeugung, weil er in der Welt für nichts Grösseres, für nichts Göttlicheres sterben kann.

IV.

Zwei populäre Gedichte

in Jamben *).

1.

An die Fürsten **).

Ihr Fürsten! endlich hat nach mehr als Einem Jahrtausend. hat nun wieder eine Republik

*) Was ich in der Vorerinnerung zu dem Gedicht über sittliche Aufklärung, von meiner Behandlung des jambischen Versmaasses sagte, gilt auch bei diesen beiden Gedichten. Wer sie indess nicht ohne Zwang, und ohne sich selbst den Sinn zu erschweren, als Verse lesen kann, der lese sie immer als Prose. In Stil und Diction sind beide Stücke nicht eben sehr poetisch, und wollen nur das Recht haben, unter der Rubrike der Episteln zu stehn.

**) Die Herren mit der allzeitfertigen Frage: cui bono? welche vielleicht die Vorrede zu diesem Bändchen, wo ich mir die Ehre gab, auf ihre Frage zu antworten, nicht gelesen haben, werden wahrscheinlich bei Erblickung dieser Aufschrift, eine misbilligende Miene machen. — Freilich, die meisten Fürsten haben ganz etwas anders zu thun, als Schrif-

so manche That verübt*), wie man sie sonst
in Despotien nur, zuweilen auch
in einer Monarchie beweinen musste.

Beim ersten Anblick jener Schreckensscenen
der neuen Republik jenseits des Rheins,
vergessen wir, dafern wir es vergessen, —
die Thaten eines Philipps, einer Katharina

ten zu lesen, die absichtlich für sie geschrieben sind,
besonders Gedichte in reimlosen Jamben. Überdies,
was kann ein armer sterblicher Mensch einem Monarchen sagen, das dieser nicht schon von oben her
erfahren habe? Aber, warum mag wohl in unsern
so belobten Ritterschauspielen so manche pathetische
Rede an Fürsten und Könige gehalten werden, da
ausser dem Acteur, der die Rolle des Königs spielt,
kein fürstliches Ohr zuhört? Oder, warum sagen
wir jetzt in dem königlich Preussischen Gebet gegen
die Franzosen, warum sagen wir dem Allwissenden, dass unsre Heere an der Französischen Gren-
ze stehn? Ganz sicher wusste Gott, noch ehe Sr.
Durchlaucht, der Herzog von Braunschweig, das bekannte Mandat gegen die Neufranken ergehen lies,
wo die Armee unsers Vaterlandes den vergangnen
Winter über sich aufhalten würde. —

*) Nach mehr als 1000 Jahren! Denn, was die neue-
ren Republiken anbetrifft, so sind sie von allen Europäischen Regenten als rechtmässig anerkannt
worden. Ihre Revolution, ihr Lossreissen von der
Monarchie, ihre Kriege, ihr Blutvergiessen für die
Freiheit ist also auch von den Monarchen gebilliget
worden. Nun setze ich aber zum Voraus, dass die
Monarchen für recht halten, was sie billigen;
oder dass sie nur dem wohlerkannten Rechte
nachgeben.

von Medices, — den langen heiligen Staatskrieg
der beiden Ferdinande, — Ludewig
den Plünderer, den Testamenterschleicher, —
der Fürsten Untreu' gegen Fürsten, im zerhauenen
pragmatischen Bündniss, — alles Blutvergiessen,
das Rauben, Brennen, Schänden jener sieben Jahre,
die noch das Vaterland in manchem Gliede fühlt, —
die arme Christenschaar aus Russland, Böh-
men,
Ungarn und Österreich, die unterm Stahl
des Antichristen fiel, die Pest, die sie ver-
zehrte,
und alles Menschenblut, das auf den Gassen
von Ismael hinauf gen Himmel schrie.

Doch bald, wenn das erschrockne Auge nun
mit kälterem Blick noch einmal nach der Seine
zurücke schaut; seht, so erinnert uns
das Miniatürgemählde an die grossen
Originale, die noch lange nicht
erreicht sind.
Lasst uns doch, Ihr Fürsten,
aufrichtig seyn: vergönnet uns zu wissen,
dass noch bis jetzt (zeigt uns das Gegentheil!)
bis jetzt noch keine Monarchie der Welt
ihr stolzes Wort erfüllte, ihre Menschen
zufriedner, glücklicher, — versteht sich, auf die
Dauer!
zu machen, als die guten Leute selbst
in einer demokrat'schen Republik
sich machen können; — dass im Gegentheil

so manches Königreich an den Gebrechen beider Regierungsformen krank darnieder lag *). Nur freilich hört Ihr nicht das Weheschreien der Unterdrückten, die nicht schreien dürfen! Die Nachwelt aber, und Ihr selbst, Ihr Erdengötter, deckt eurer Vorfahren hundert blut'ge Schäden uns auf; — Ihr redet selbst von Ungerechtigkeit, von Unterdrückung, wenn Ihr von den Fürsten

---

*) An den jetzigen Preussischen Staat muss man hier nicht denken. Ein Friedrich Wilhelm verdient in gewisser Rücksicht weit mehr den Namen des Einzigen, als Friedrich II. Sässe dieser Mann als Volksrepräsentant im National-Convent, so würd' es auch in der Republik Frankreich ganz besser hergehen. Aber wie viel hat dieser gute und weise König nicht an den Einrichtungen seines Vorfahren zu tadeln und zu verbessern gefunden: woher wir sicher schliessen können, dass, da selbst der Monarch, den man den Einzigen nennt, so viel Fehler machte, die andern wohl noch mehr machen müssen. Es ist gewiss, — weder aus dem Begriff einer Monarchie, zusammen gehalten mit dem Begriff der Demokratie, noch aus der Geschichte beider Regierungsformen ergiebt sich, dass im monarchischen Staate die Menschen glücklicher seyn können, oder es gar schon gewesen sind, als in demokratischen Republiken. Die Geschichte besonders zeigt uns seit beinahe zweitausend Jahren nur den Jammer und das unschuldig vergossne Blut königlicher und fürstlicher Nationen. Das Unglück der Republiken, das nicht von fremden Königen herrührte, ist eine unbedeutende Kleinigkeit. Ich fordre kühn jeden Geschichtsforscher auf, mir das Gegentheil zu beweisen.

der Vorzeit redet, und dem Enkel nehmt,
was seine Väter euren Vätern nahmen.

Ihr tadelt jetzt mit einem Herzen, das
Euch Ehre macht, die Thaten Frankreichs, wo
seit kurzem erst die zügellose Freiheit
mit den Gesetzen kämpft. — Doch sprecht, welch
     ein Gesetz
erhobt Ihr selbst zum Richter eures Streites
mit andern Fürsten? (denn, nicht wahr? nur e i n e r,
nur e i n e r hat in diesem Streite r e c h t,
dafern nicht b e i d e u n r e c h t haben!) Sagt,
durch welch Gesetz entscheidet Ihr dies Recht?
Durch das Gesetz der Staaten, durch Verträge,
durch Testamente, oder Friedensschlüsse?

Wie lange disputiren eure Kabinetter?
Am Ende nehmt Ihr eure Zuflucht doch,
so gut und schlecht wie der Convent in Frankreich,
zum V o l k, und zwar zu seinem K o p f e nicht, —
zu seinen tausend A r m e n, die es oft
dabei v e r l i e r e n muss. — Umsonst ruft Ihr
das Recht der Staaten an; es hört Euch nicht!
Eu'r Gegner spricht vom T e s t a m e n t, und Ihr
von eurer A n v e r w a n d s c h a f t; ja, Ihr b e i d e
     fordert,
zur Garantie für e i n e n und d e n s e l b e n
grosväterlichen Friedensschluss, Ihr fordert
die ganze Nachbarschaft zum Kampf, und unsre
     Kinder,

die eures Vaters Namen niemals hörten,
sie bluten für ein unbestimmtes Wort,
das er und sein Minister Lobesan
nicht corrigirte. — Meinet Ihr, wir sind
schon glücklich, wenn wir königliche Menschen
uns tituliren können? oder wenn Ihr selbst,
wenn eure eigne hohe Hand uns mit der Geissel
des Krieges schlägt, so hätte unser Schmerz
Respekt vor uns, wie vor eurer Hand?
(Dass wir uns selbst auch blutig schlagen können,
habt Ihr gesehn: dann aber schrein wir auch,
wie recht ist! Wäret Ihr auf Kosten
des überguten Herzens klug, Ihr kehrtet Euch
an unser Lärmen nicht; denn jetzo merken wir,
dass Schreien hilft!) —

O meint Ihr denn, Ihr Herrn der Erde,
meint Ihr, wir würgen unsre Brüder
mit grosser Seelenfreude, wenn Ihr uns dazu
ein Recht gebt, das Ihr selbst nicht habt? — Versucht es,
wenn Ihr die Menschen, die sich nie gesehn,
von welchen keiner noch den andern je
mit einem Wort, mit einer Miene kränkte, —
die sich als Wanderer in einem fremden Welttheil
der Landsmannschaft erfreun, zu guter Kameradschaft
die Hand sich bitten würden, — wenn Ihr sie
in zweien Heeren aufführt, jedes seinen Tod
im andern sehend, beide voller Angst,
die bald in Wuth und Rasen übergeht, — versucht es,
ruft jetzt das Wort des Friedens Euch entgegen,

ruft es den Heeren zu, und gönnt der Menschheit
auf wenig Augenblicke ihren Sieg.

Seht Ihr, es sinken die gehobnen Schwerter;
auf allen tausend Lippen wandelt sich
der wüste Schrei: ihr Hunde! in den Namen:
        Brüder!
Es fliehen (habt Ihr Herzen?) beide Nationen
sich an den Busen; statt des Blutes strömen
jetzt Millionen Wonnethränen auf
das frohe Feld, und der gebeugte Halm
erquicket sich, — alle Jubeldonner
des feiernden *) Geschützes übertönen nicht
die Brüderhymne der Geretteten! —
Versucht es, und erkennt, dass Ihr die Völker
zum Hasse zwingt, dass nur die Furcht allein
Euch dient, und dass in dieser Knechtsfurcht
sich keine Seele glücklich fühlen kann.

O Greul ist Greul, und Diebstahl, Mord und
        Brand
sind gleich unchristlich, ob ein König sie
verüben lässt, ob eine Republik!
Ach, alle hunderttausend Wunden auf
den Schlachtgefilden an der Elb und Oder
und an dem schwarzen Pontus bluteten
nicht weniger als die zerhaunen Glieder
der Franken jetzt am rachesücht'gen Rhein **);

  *) **Feiernden** nicht **feuernden**, welches hier
     ein schaales Beiwort seyn würde.

) **Rachesüchtig! Was vormals die königli-
     chen Franzosen in den Rheingegenden verübten,

nicht freundlich sind die blutigen Gesichter
der Sterbenden, wo für das Götter-Recht
der Fürsten sich die Völker schlachten; nein,
auch in der Uniform schmerzt ein zerschlagner Arm
und ein zerschmettert Bein: drum brüllen laut
die Halbgetödteten, vergessend, dass ein König
in seinem Rock sie sterben lässt, — sie brüllen
laut wie die Franken, die in eignen Kleidern
den Geist aufgeben! —
   O, in diesem Schmerz
im Blute, das aus tausend Wunden strömt,
in dieser Todesangst, in diesem Brüllen
der Qual und der Verzweiflung, hier erkennt,
zum mindsten hier, — die Brüderschaft der Menschen,
der Völker Brüderschaft, und thut, was Ihr versprecht,
Ihr Fürsten, macht uns frei und glücklich, — sichert
das Eigenthum, das Leben Eurer Kinder, gebt
uns einen Frieden, den Ihr selbst nicht brecht.
Ihr Stellvertreter aller Nationen
Europa's, übertrefft den National-Convent!
Seyd weiser, streitet nicht, und wenn Ihr's thut,
so appellirt, — Ihr seyd ja Selbstregenten,
und hasst denselben Kunstgriff an den Franken! —
so appellirt nie an den Pöbel, nie ans Volk
und seine Fäuste! Hört, Ihr Menschen, auf die
  Stimme
der Menschlichkeit, und lasst in euren Kabinettern

büssen jetzt noch, ohngeachtet der Schlacht bei
Hochstädt, ihre Kinder, obwohl sie nicht mehr königlich sind.

die Jünger Marats, oder seine Meister
nie zu Euch sprechen: »für den Flor
der Staaten, Herr, und für das Gleich-
gewicht
der grossen Republik Europa sind,
so will's die Politik, sind einige tausend Leben
dem Krieges - Moloch wieder aufzu
opfern.«
Kurz, seyd gerechter als die Jacobiner,
die Ihr verdammt! und — Gott soll Richter seyn —
auch wenn wir jenen Eid des ew'gen Angehörens
nicht leisten, (ach den oft die frommen Väter
vergebens schwuren, weil die Kinder ihn
durch einen andern brechen mussten) ja
auch ohne diesen Eid, — ein gar zu ernsthaft
Spiel! —
steht sicher dann Eu'r Thron! —

O, glaubt es uns,
wir lieben unser Leben auch, wir haben Sinn
für Ruh und Glück, und für den ungestörten
Genuss der Güter, die wir oft mit Thränen
und blut'gem Schweis erwerben, — ach wir wohnten
so gern in unsrer Hütte, bauten unser Feld,
umarmten unser Weib, erzögen unsre Kinder,
und sängen Eurem Gott und unserm Gott,
im seligen Gefühl, dass er ein guter Vater
der Menschen ist, ein friedliches Te Deum.

Wollt Ihr uns glücklich machen, könnt Ihr es,
so rechnet darauf, wir bieten Euch die Hand

zu dieser Arbeit! Doch, vor allen Dingen
wähnt nicht, dass wir uns freuen werden, wenn
Ihr unsre Väter, Brüder oder Kinder
für unser Wohlseyn schlachtet, und die Aecker
mit ihrem Blut uns segnet.
      Lernet doch
Euch brüderlich vertragen; seyd doch selbst,
was ihr von uns verlangt! —
      Gut, Ihr versprecht es uns,
in diesem Kriege, denn Ihr redet laut
von Ruh und Ordnung, von dem Greul der Zwie-
      tracht,
wenn sich die Stellvertreter eines Volks,
geblendet von chimärischen Ideen,
von eignem Vortheil oder von Partheisucht,
nicht einigen! Bedenkt, Europa ist
so vielmal grösser als Neufranken, und
wenn Ihr Euch streitet, wüthet dreissig Jahre
und sieben Jahre, ach so wüthet ja
in einem fort das Schwert*), es strömet Menschenblut

---

*) Wenn auch nicht immer an Einem Orte und zu
Einer Zeit; denn auch in Frankreich giebt es
mehrere Provinzen, die, während der blutigen Un-
ruhen in Paris, in Ruh und Friede lebten, und deren Einwohner mit der Revolution sehr zufrieden
waren, wie selbst die Preussen bei ihrer vorjährigen
Invasion in Frankreich gefunden haben. — In ganz
Europa giebt es aber kein Land, und vielleicht keine
Provinz, die nicht schon in diesem Jahrhundert
durch Kriege der Fürsten mit Fürsten wäre beun-
ruhigt worden. Die meisten haben Schauplätze der
grässlichsten Schlachten aufzuweisen. Jede Generation erlebte mehr als einen Krieg; wir sahen ent-

in die zertretnen Erndten oder zischt
in wilden Flammen angesteckter Hütten.

Dies Blut sey Christen- oder Türkenblut,
es fliesse dem durch Trug und Hinterlist
erzwungnen Testamente Karls des Zweiten
von Spanien, es fliesse dem zerrissnen,
pragmatischen Bunde, oder dem Projekt,
den Antichristen aus der Christenwelt
hinaus zu ängstigen, — es ist doch Blut der
Unschuld. *)

O ze-

---

weder unsre eignen Felder verheert, oder auf fremden Feldern unsre Väter, unsre Brüder, unsre Kinder zu Tode bluten.

*) Blut der Unschuld! Dies ist wahrlich das Blut, das der grösste Theil fürstlicher Heere in Schlachten vergiesst; denn niemand, ausser den Fürsten, nimmt hier freiwilligen Antheil an der Sache, für welche gestritten wird. — Man will nicht, man muss, und thut darum, als ob man wollte. — Bei der freien Nationalgarde einer demokratischen Republik ist dies ganz anders: ficht sie für's Unrecht; so fliesst schuldiges Blut. Die Heere der Monarchen fechten eigentlich weder für's Recht, noch für's Unrecht: sie sind lebendige Kriegsinstrumente, in ihren einzelnen Gliedern nicht so theuer, als ein Zwölfpfünder — und eben so schuldlos an allen Zerstöhrungen, die sie anrichten. Aber freilich, ich zerbreche den schuldlosen Stock in der Hand dessen, der mich damit schlagen will; nur ewig Schade um das, was jene Instrumente mehr sind, als — — Stöcke.

O zehen tausend Mann sind zwar für den,
der hundert tausend in das Treffen führt,
das Zehntel nur; doch sind es so viel *Leben*,
und, wenn sie sterben sollen, muss der Tod
in wenigen Minuten tausendmal sein Amt
verwalten; — tausend Herzen sind es, die
am Boden zucken, tausend Sterbeseufzer drängen
sich durch das Blut empor aus tausend Kehlen!
Sie drängen sich empor, und werden einst
an jenem Tag des Welten-Brandes, werden
wie glühende Winde auf das nackte Haupt
des Mannes treffen, — sey er König oder
der Jacobinerrotte Erster! — der mit kaltem Blut
fürs wohl erkannte Unrecht seine Kinder,
und seine Brüder zu der Schlachtbank führte;
denn Politik entschuldigt dort nicht mehr!

2.

Plakat *).

An die Völker.

Sind einst, durch Friedrich Wilhelms Macht
und weise Güte,
die Franken wieder in das sanfte Joch

*) Eigentlich kein Plakat; da es von niemanden un-
terschrieben ist, der einige hunderttausend Mann
commandirt. Man sorge nur erst dafür, dass man

U

der Ruh und Ordnung eingespannt, und ist
bis auf den letzten Mann der Jacobiner Rotte
vertilgt; so wird — o glaubt es dem Propheten! —
im stillen Frankreich keine Thräne mehr,
kein Blut mehr fliessen — — für die Jacobiner. —
Ja sollten in der ungeheuren Republik
Europa, sollten gar die angebornen
Repräsentanten jedes Reichs, die Fürsten,
sich friedlicher und weiser in einander fügen,
und auf der Wahrheit Stimme leiser horchen,
als der betäubte National-Convent
in Frankreich; o so kommt die Zeit,
die sel'ge Zeit, des Himmels Vorschmack, wo
es keine Schmeichelei ist, wenn zu seinem Fürsten
ein Dichter sagt: Herr König, wir sind glücklich!

So würd' ich, wenn ich Dichter wäre, jetzt,
den Blick gekehrt in eine bessre Zukunft,
zu unserm Friedrich Wilhelm sprechen: denn
mit allen Fürsten von Europa ist
auf ew'ge Zeiten nun sein Haus verbunden;
Er streitet für sie alle, und sie werden
nie diese Wohlthat Ihm vergessen, nie ein Schwert,
sein Reich zu theilen, aus der Scheide ziehn!

Nur noch den kurzen Kampf mit wilden Demokraten,
nur hier noch wen'ge Tropfen Blut mit Freude

die Übermacht habe; dann hilft das Zureden, und
ein Johann von Brandenburg wird ein Johann Cicero.

verspritzt! Die Kön'ge, — glaubt es ihrem Ekel
vor allen blut'gen Thaten de Neufranken, —
die Kön'ge haben sich zu einem ew'gen Frieden
die Hand geboten. Niemals werden sie
den National-Convent der Unverständigen
im National-Convent Europens wiederholen; niemals
geschieht nun wieder für die Monarchie,
was, für die Republik gethan, den Abscheu
und selbst den Fluch des Biedermannes verdiente.

Ja, Völker, wenn jetzt eure Herrscher siegen,
so habt ihr wahrlich für euch selbst gesiegt!
Im Friedensschlusse seh' ich diesen Schwur
schon eingezeichnet: »Wir, Monarchen von
 der Gottheit
»zum Beispiel unsern Völkern aufgestellt,
»entschliessen uns als unabhängige
»Repräsentanten aller Nationen
»Europa's, *gleich gerecht, gleich weise,*
 gleich verträglich
»zu seyn — damit fortan in dieser grossen
»aristokrat'schen Republik und allen
 ihren
»Municipalitäten nie die Wuth
»des Krieges, der noch weniger für Gesetze,
»für Recht und Pflicht ein Ohr hat, als
 ohnlängst

"der Haufe wilden Pöbels in Neufranken, —
"die gute Ordnung, Ruhe, Sicherheit,
"den stillen Fleis, den frohen Gottesdienst
"der Völker störe. — Ausgenommen sind
"die Kriege gegen Republiken, die
"sich nicht entschliessen wollen, auch
so glücklich
"zu seyn, als *wir* die Menschen auf der
Erde,
"wir Gottes-Abgesandte! machen können.
"Denn glücklich, glücklich machen, das
ist unser Amt; —
"und ob wir gleich so recht nicht wissen, was
"ein jedes Menschenherz in unserm
Reich
"zu seinem Glück bedarf; so ist's doch
wahr,
"dass gegen Krieg und theure Zeit und
Pest
"die ganze Christenheit mit Inbrunst
betet.

"Von nun an soll von allen Erden-
göttern keiner
"den andern einer Ungerechtigkeit
"beschuld'gen (wie ohnlängst die Kaiserin

»der Reussen unserm guten *Friedrich
Wilhelm*
»gethan *); denn *das* macht Uns verdächtig, stört den Glauben
»an Uns, und bringt den frommen Christen mit
»dem guten Unterthan in einen bangen
»Gewissensstreit. — Wir wollen unsre
Händel
»auch nach *Gesetzen*, wie das Volk, und
zwar
»in *ruhigen Gesprächen* weislich enden,
»und unsern Völkern geben wir hiemit
»das Recht, Uns ihren Arm, ihr Schwert,
ihr Blut,
»kühn zu versagen, wenn wir *anders*
wollen!
»Dies schreiben Wir in Gottes Gegenwart

*) Vor drei Jahren, da unser gerechte König den un-
gerechten Eroberungen der Selbstherrscherin, auf die
gerechteste und staatsklügste Art, sehr gerechten
Einhalt thun wollte. Die grosse Catharina hat indess
dem guten Friedrich Wilhelm nachgegeben, nicht
aus Zwang, sondern ganz allein aus freiwilligem
Erkenntniss ihres Fehlers. Jetzt bereut sie ihre da-
maligen harten Äusserungen gegen unsern König;
Sie hat sich auf ewige Zeiten mit Ihm verbunden;
Sie giebt dem Verlangen seines menschenfreundlichen Herzens in allem nach, und beide nehmen,
so viel Kinder Ihnen Gott schon zur Erziehung anvertraut hat, noch eine ganze verwaiste Nation an
Kindes statt auf. Gott gesegne Ihnen diese mäch-
tige Erweiterung ihres Mutter- und Vaterherzens.

»und wer von unsern Söhnen oder Enkeln diesem
»Artikel widerspricht, hört auf, ein Fürst zu seyn,
»ist nicht ein ächter Abgesandter Gottes,
»ist unsrer Weisheit, unsers Blutes nicht,
»verdient im Jacobiner-Club zu sitzen. *)

*) Diese beiden Gedichte dedizir ich hiemit dem allwissenden und gerechten Gott! Er nehme sie in seinen Schutz, bewahre sie vor den giftigen Pfeilen hämischer Ausleger, und mache, dass ich wahr geredet habe. Wenn die Fürsten thun, was sie in ihrem jetzigen Kriege gegen die Neufranken zu versprechen scheinen; so verdienen sie wahrlich, dass sie Götter der Erde genannt werden! Amen! —

V.

Nothgedrungenes Publicandum
gegen die Neufranken,

in Rücksicht der Gültigkeit eines Beiworts, welches
der Verfasser in seinem Gedicht:

Über sittliche Aufklärung,
den Franzosen zu geben für gut befunden hat, indem
er sie nämlich

die allbequemenden Franzosen nennt.

Wir können nicht unterlassen, hier unserm herzlichen und gerechten Ärger über die Neufranken Luft zu machen. Sie haben seit dem ersten Entstehen jenes unsers preiswürdigen und wohleingerichteten Gedichts, *) sich unterfangen, ihren vormaligen, geliebten und handlichen Nationalcharakter so ins Heroische und Widerspenstige umzuschaffen, dass wir nicht umhin können, für unsern obgewählten Ausdruck und dessen fernere Gültigkeiten

*) Nämlich des Gedichts über sittliche Aufklärung, welches schon vor mehreren Jahren entworfen war.

eine sehr gegründete Besorgniss zu hegen und nach gerade auch zu äussern. — Wenn Uns eine Armee zu Gebot stünde, so würden Wir, zur Vertheidigung unsrer guten Verse, als von welchen Wir nicht nur unumschränkter Regent, sondern sogar Schöpfer sind, Uns gedrungen fühlen, der Neufränkischen Nation ihr himmelschreiendes Unrecht mit dem Schwerte zu beweisen, bis Wir durch die kräftige Art unsers Beweises Uns von allen denen befreit hätten, die Uns Beweise abzufordern willens seyn könnten. Immassen Wir, auch ohne Beweis, das alte, von den Göttern selbst geerbte Recht des poetischen Verdrehens und Lügens vor Uns haben, und kein wahrer Dichter verlangen wird, dass Wir wegen der heroischen Grillen der Gott- und König- lästernden Französischen Nation unser einmal zum Druck fertiges Gedicht umwerfen, oder auch nur ein einziges Wort in demselben so behandeln sollen, wie die mehr gedachten Rebellen — das, nebst dem Namen Gottes, wichtigste Wort ihrer Sprache ohnlängst zu behandeln sich erfrecht haben. Jetzt freilich, da Wir aus bewegenden Ursachen für unser Recht keine Soldaten halten wollen, schütten Wir unsern gerechten Eifer in das königlich

Preussische Gebet gegen die neuen politischen Ketzer, und beiher in dieses Publikandum, in welchem schon der gemässigte Ausdruck und der bedächtige Styl für die gute Sache spricht. Dieser Meinung sind ganz gewiss alle unsre Brüder im Apoll, die jemals in ihren Liedern, Oden und Bardengesängen den Kindescharakter und Sklavensinn der Franzosen dem Teutschen beharrlichen Muth und Freiheitsgeiste zum ehrenvollen Kontraste dienen liessen. Sollen denn diese wichtigen Poesien durch die Französische Revolution ihr Interesse einbüssen? Sollen sie vernichtet oder umgeschmolzen werden, gleich den von der Französischen Neuerungssucht bedrohten Regierungsformen Europa's, welche alle eben so passend für unsre Zeiten, unsre Philosophie und unsern Geschmack, eben so vollendet und eben so inkorrigirbar sind, wie die besten Gesänge der neuen Teutschen Barden? (einige Kleinigkeiten abgerechnet.) Nein, das sollen sie nicht! Der Teutsche ficht nicht allein für seine Könige, er streitet auch für die Unsterblichkeit seiner Dichter. Er würde den Franzosen ihre Freiheit gönnen, aber er ist daran gewöhnt, sie für Knechte zu halten, diese Rolle scheint für sie geschaffen zu 'seyn, — Wir wollen den Schatten im Gemälde nicht verlieren, — und, was das wichtigste ist, *Wir wollen nicht korrigiren!* — — Getrost, lieben Brüder im Apoll, die jetzige Revolution wird die Franzosen, die seit einiger Zeit eine so ernsthafte Miene angenommen haben, bald wieder lächerlich machen. Wir fordern euch zu keinem freiwilligen Contingent auf, um eine kombinirte Armee der Teutschen Dichter, von irgend einem Bardensänger angeführt, ins Feld zu stellen. Behaltet euer Geld, kauft euch dafür den Rheinwein, der einst auf den Bergen der Schlacht vom Blute der Franken sich nähren wird, und singt dann beim klingenden Pokal den **Vossischen Freiheitsgesang: »Mit Eichenlaub den Hut bekränzt.«** *)

Anbei können Wir unsern Beifall und unser lebhaftes Wohlgefallen nicht verbergen, welches Wir immer empfinden, wenn Wir hören oder lesen, wie die kombinirten Mächte in ihren Unternehmungen gegen das Frankenvolk so rühmliche Fortschritte machen. Der Dichter E. **)

---

*) Eine Freiheitshymne, in welcher der vormalige Knechtssinn der Franken bitter verhöhnt wird.
**) Herr Dichter *Eckhard.* S. Berlinische Nachrichten von Staats- und gelehr-

welcher ohnlängst die Berliner Zeitung mit ein paar Epigrammen auf die Frankreicher beehrte, wo die Einfalt, das Pöbelhafte, der Aberwitz und die Bosheit der Schlechtesten dieser Nation von der Teutschen Muse sehr glücklich und bis zum Verwechseln nachgeahmt sind, ist Uns leider mit der Ankündigung patriotischer Kriegslieder zum Verbrauch der Preussisch- Österreichischen Heere am Rhein zuvorgekommen. Ach, wie viel Poetisches, wie viel Rührendes lässt sich in solchen Liedern nicht sagen; wie sehr kann man darin das Glück seines eigenen Vaterlandes und die Verdienste seines Königes rühmen; auf welche anständig-populäre und höchst erhabenniedrige Art kann man die feindliche Nation schelten, verspotten und schimpfen. Diese Gelegenheit, unser dichterisches Talent berühmt zu machen, und unsern Namen im Munde der Preussischen Armee zu verewigen, ist Uns freilich genommen, da Wir nicht gesonnen sind, Uns mit einem so derb-epigrammatischen Dichter, wie Herr E. zu seyn scheint, in irgend ein Certamen einzulassen.

ten Sachen. No. 28. Dienstag, den 5. März, 1793.

Sollten aber, wenn sich etwa die Russischen Heere an die Ufer des Rheins wagen, auch einige Banden von Kosacken gegen die Franzosen losgekoppelt und angehetzt werden; so werden Wir alsdann nicht unterlassen, Kriegeshymnen für patriotische Kosacken herauszugeben, und das Honorarium als Kriegsbeisteuer franco nach Regensburg zu senden.

Der Verfasser.

Gegeben im Lande
der gesetzmässigsten
Monarchie,
im Lande der wahren,
und auf die kräftigste
Art gesicherten
Freiheit; —
in einem Staate,
wo vordem nur das Volk,
jetzt auch,
(o glückliche Harmonie!)
selbst der Vater des Landes
die Projekte
und den Übermuth
einer Nation hasst,
die von jeher
nur da liebenswürdig
zu nennen war,
wo sie sich *bequemen*
musste.

Zu Ende des
1ten Jahres der gebändigten
Neufranken.

VI.

An mein Buch.

Nimm hier meinen väterlichen Segen, mein Buch, geh in die Welt, und finde wenigstens Einen Freund, der dich und deinen Vater bedauert, wenn er uns nicht lieben kann.

Du bist ein getreuer Abdruck meiner Überzeugungen, meines guten Willens und einer Laune, die vielleicht ihr frohes Gesicht, ihren lachenden Ton und die vormalige leichte Bewegung ihrer Glieder nie wieder erhalten wird.

Sage den Leuten, die sich die Mühe geben, mit dir ein paar Stündchen allein zu sprechen, dass dein Vater, dafern sie ihm jemals im Leben begegnen sollten, auch ihre Laune, wie ein schmerzhaftes Glied schonen werde, wenn sie die Narbe einer gewaltsam zurückgestossnen Überzeugung, eines verkannten, verspotteten und mit Absicht falsch ausgelegten guten Willens trägt. —

Ich denke, mein Kind, auch du trägst diese Narbe. Sey ruhig, es ist kein Brandmal, die ehrlichsten Leute tragen sie. An mir selbst ist die Wunde freilich noch nicht zugeheilt, sie blutet noch, und schmerzt mich. In dem grossen Lazaret der Welt ist jeder Patient ein Arzt, — alles kurirt, gebeten oder ungebeten — und die Wuth an der ganzen Menschheit, (sich selbst ausgenommen) moralische Gebrechen zu heilen, übersteigt alle Übel, die unter dem Monde zu erdulden sind.

Auch du hast eine kleine Spur dieses Fehlers! Gott Lob, dass du kein chirurgisches Instrument bei dir trägst. Du wirst im Eifer deiner Menschenliebe niemanden Hand und Fuss binden, um ihm die Ader zu öffnen, weil sein Puls voller schlägt, als der deinige, oder ihm ein gesundes Aug' zu operiren, weil er anders sieht, als du.

Grüsse alle Wahrheitsfreunde in meinem Namen. Ich weis nicht, wie weit du wirst zu wandern haben, ehe dir einer begegnet. — Sie werden dir, wo sie dich im Verhör vor dem hohen Rathe, oder unter den Geisselschlägen des Landpflegers erblicken, freundschaftlich zurufen:

»Niemand *kann* über seine »*Kraft,* und gegen seine *Über-* »*zeugung soll* niemand!»

Von den politischen Leuten, die in aller Einfalt glauben, sie seyn ehrliche Leute, wenn sie wissen, was *recht* ist, und nach den Umständen thun, was ihnen *nützt,* — lass dich nicht verführen.

Sag ihnen, dass es Menschen giebt, die sich eben so wenig wohl befinden, wenn sie nicht sagen dürfen, was ihre Überzeugung ist, wenn sie nicht thun sollten, was sie für recht halten, als es andre giebt, die sich ohne Titel für verachtet, ohne zwei Gerichte auf der Tafel für hungrig, ohne dreifache Kleidung für Bettler halten. — — — —

Meine in der Welt zerstreuten Freunde (sie mögen dich nun in ihre litterarischen Hütten aufnehmen, oder im Wirthshaus am Wege sprechen) grüsse herzlich. —

Sage ihnen: »der Erinnerung und dem »Herzen meines Vaters seyd ihr nie so »entfernt gewesen, als seiner Feder. Sei- »ne glücklichsten Stunden sind eurem An- »denken geweiht; die Bilder seiner Ju- »gendtage sind ihm überall schrecklich, »wo nicht über den traurigen Ruinen sei- »ner Hoffnung, über den Gräbern seiner »ersten Kraft der Sternenhimmel eurer »Freundschaft glänzet.«

www.ingramcontent.com/pod-product-compliance
Lightning Source LLC
Chambersburg PA
CBHW030017240426
43672CB00007B/989